Mailand

Jenny John

MERIAN-TopTen

Höhepunkte, die Sie unbedingt sehen sollten

1 La Zucca
In der kleinen mosaikverzierten Bar erfand Davide Campari vor über 100 Jahren den gleichnamigen Aperitif (→ S. 25, 65).

2 Teatro alla Scala
Für Opern- und Theaterfans ein absolutes Muss: Diese Bühne sah alle Stars von Caruso bis zur Callas (→ S. 41, 64).

3 Leonardos »Abendmahl«
Kaum ein Kunstwerk strahlt eine solche Faszination aus wie dieses Meisterwerk da Vincis im Kloster Santa Maria delle Grazie (→ S. 51, 75).

4 Cimitero Monumentale
Imposante, bis ins kleinste Detail ausgearbeitete Skulpturen zieren die Gräber (→ S. 54, 81).

5 Über den Dächern der Stadt
Steigt man dem Dom aufs Dach, bietet sich inmitten eines bizarren Marmorgartens ein grandioses Panorama (→ S. 57).

6 Parkanlagen
Grüne Oasen: Parco Forlanini, Parco Sempione und Parco dell'Idroscalo laden zur Verschnaufpause ein (→ S. 60, 74).

7 Sant'Ambrogio
Die romanische Basilika ist ein Ort der Besinnung. Der hl. Ambrosius soll die Kirche 386 gegründet haben (→ S. 61, 75).

8 Museo del Castello Sforzesco
Bedeutende Gemälde großer Meister, u.a. die Pietà Rondanini, das unvollendete letzte Werk Michelangelos (→ S. 68).

9 Mode-Bummel
Schnäppchen vom Marktstand oder Designerkreation aus dem »Goldenen Dreieck« – Mailand bedient jeden Stil (→ S. 76).

10 Kartause von Pavia
Laut Petrarca das »vornehmste unter den modernen Werken« und bis heute ein Meilenstein der Frührenaissance (→ S. 83).

MERIAN-Tipps ···> finden Sie auf Seite 128

Inhalt

4 **Mailand stellt sich vor**
Interessantes rund um Ihr Reiseziel

10 **Gewusst wo ...**
Die besten Tipps und Adressen der Stadt

12 **Übernachten**
Prächtige Stadtpalazzi und trendige Designerhotels

18 **Essen und Trinken**
Kommunikation, Leidenschaft und ein Fest fürs Auge ...

26 **Einkaufen**
Alta Moda, Feinkost und edle Designerstücke

36 **Am Abend**
Die Nachtstunden gehören dem Vergnügen

42 **Feste und Events**
Modemesse, Trödelmarkt und Karneval

45 **Familientipps – Hits für Kids**
Freizeitparks, Museen und grüne Oasen

MERIAN-TopTen
Höhepunkte in Mailand, die Sie unbedingt sehen sollten
⇠ Seite 1

MERIAN-Tipps
Tipps und Empfehlungen für Kenner und Individualisten
Seite 128 ⇢

48 **Unterwegs in Mailand**
Kompakte Beschreibungen aller wichtigen Sehenswürdigkeiten und Museen

50 **Sehenswertes**
Castello, Leonardos »Abendmahl«, Sant'Ambrogio

66 **Museen und Galerien**
Renaissance und moderne Kunst

Erläuterung der Symbole

Für Familien mit Kindern besonders geeignet

Diese Unterkünfte haben behindertengerechte Zimmer

Preise für Übernachtungen im Doppelzimmer ohne Frühstück:

●●●●	*ab 260 €*	●●	*ab 100 €*
●●●	*ab 180 €*	●	*ab 45 €*

Preise für ein Menü mit Vorspeise und Dessert, ohne Getränke:

●●●●	*ab 70 €*	●●	*ab 30 €*
●●●	*ab 50 €*	●	*ab 20 €*

72 **Spaziergänge und Ausflüge**
Die schönsten Stadtrundgänge und Ziele in der Umgebung

Spaziergänge
74 Das elegante Mailand
75 Auf den Spuren der Vergangenheit
76 Im Modemekka: Via Montenapoleone & Co.
78 Kanäle, Brücken, Boote – Mailand am Wasser
80 Mit der Trambahn auf Sightseeing-Tour

Ausflüge
82 Monza – Formel 1 und Mittelalter
82 Universitätsstadt Pavia
84 Prunkvolles Bergamo
85 Lago di Como
86 »Inselhüpfen« auf dem Lago Maggiore

88 **Wissenswertes über Mailand**
Praktische Hinweise und Hintergrundinformationen

90 **Geschichte**
Jahreszahlen und Fakten im Überblick
92 **Sprachführer**
Nie wieder sprachlos
94 **Essdolmetscher**
Die wichtigsten kulinarischen Begriffe
98 **Mailand von A–Z**
Nützliche Adressen und Reiseservice

107 Kartenatlas
120 Kartenregister
124 Orts- und Sachregister
127 Impressum

Karten und Pläne

Mailand Innenstadt .... Umschlagkarte vorne
Mailand und Umgebung .... Umschlagkarte hinten
Im Modemekka 77
Mailand am Wasser 78
Mit der Trambahn auf Sightseeing-Tour 80
Pavia 83
Metroplan 105
Kartenatlas 107–123

Die Buchstaben-Zahlen-Kombinationen im Text verweisen auf die Planquadrate der Karten, z. B.
→ S. 119, F 21 Kartenatlas
→ S. 83, b 2 Detailkarte innen
→ c 2 Metroplan, S. 105

Mit Stadtplan

→ S. 15

Mailand stellt sich vor

In Mailand kann man das Dach des Doms (→ S. 55) besteigen. Von den marmorgepflasterten Dachterrassen bietet sich ein fantastischer Rundblick über die Stadt.

Welche Kombination: ein kühles nordisches Köpfchen mit heiterem südlichen Temperament. Mailand, die Wirtschaftsmetropole, das Modeparadies, die Medienhauptstadt.

Mailand – Heimat für alle

Mailand ist die weltoffenste und die geschäftstüchtigste Stadt Italiens; Tempo, Initiative und Stilbewusstsein kennzeichnen den Rhythmus dieser Millionenstadt. Dolce far niente? Madonna mia – nicht in Milano! Big business heißt die Devise. Doch über all der Arbeit und Geschäftigkeit wird die Lebensfreude nicht vergessen. Mailand ist ein Sündenbabel für Shoppingfreunde, ein Paradies für Feinschmecker und ein Eldorado für Nachtschwärmer.

Auch Kunst- und Kulturliebhaber werden sich wohlfühlen: Traditionellen Kulturgenuss bieten etwa das legendäre Opernhaus **La Scala**, Dreh- und Angelpunkt italienischer Musikgeschichte, und das **Piccolo Teatro**, dessen Name für immer untrennbar mit Starregisseur Giorgio Strehler verbunden sein wird. Avantgardistisches und experimentelles Theater gibt es auf vielen kleinen Bühnen zu sehen.

Unvergängliche Meisterwerke sind in der berühmten **Pinakothek Brera** und in über 30 weiteren Museen untergebracht; Leonardo da Vincis »Abendmahl« verzaubert den Besucher der Kirche **Santa Maria delle Grazie**. Doch auch zeitgenössischen Kunstwerken und Strömungen wird mit aktuellen Ausstellungen und in zahlreichen Galerien Tribut gezollt.

Mailand ist ein Architekturmosaik, das sich zusammensetzt aus historischen Überbleibseln von mehr als 2000 Jahren – von den römischen Mauern der Kirche **San Lorenzo** über die mittelalterliche **Piazza dei Mercanti** und das **Castello Sforzesco**, einem bedeutenden Renaissancebauwerk, bis hin zum **Hauptbahnhof**, einem bombastischen Gebäude aus der Zeit des Faschismus.

Es soll Besucher geben, die sich auf den ersten Blick in Mailand verliebt haben. Die ihr Herz mit der ersten Berührung einer der vielen verkehrsträchtigen Straßen, mit dem ersten Atemzug in der abgasschwangeren Luft verloren haben – doch die sind eher selten. Mailand ist vielmehr eine Stadt, die man sich genauer ansehen muss, die im Verborgenen blüht. Und es ist eine Stadt der Gegensätze. Das Mailand des 21. Jahrhunderts mit seinen supermodernen Vierteln und Top-Designerläden lebt friedlich neben dem traditionellen Milano mit seinen kleinen verwinkelten Gassen, winzigen Handwerksbetrieben, Tante-Emma-Läden und blumengeschmückten Balkonen im Romeo-und-Julia-Stil.

»A Milano s'impara a pensare europeo« – Mailand ist eine Stadt, in der man lernt, europäisch zu denken, befand schon der französische Schriftsteller Stendhal; oder, wie es Tonino, ein Einwanderer aus Süditalien, ausdrückt: »Milano per me e casa di tutti« – Mailand ist meiner Ansicht nach eine Heimat für alle.

Der Mailänder selbst zeichnet sich – geprägt durch jahrhundertelange Fremdherrschaft – durch einen äußerst freundlichen Umgang mit Fremden aus. Er ist herzlich und – eher untypisch für einen Italiener – äußerst verlässlich. Wenn er sich verabredet, wird er kommen – und sogar pünktlich. Er trägt »il cuore in mano«, sein Herz in der Hand. Allerdings verlangt er die gleiche Aufrichtigkeit und Geradlinigkeit von seinem Gegenüber. Wer nach Mailand kommt, wird stets mit offenen Armen empfangen. Zahlreiche große Künstler, Designer und Musiker – von Leonardo da Vinci bis hin zu Giorgio Strehler oder Eros Ramazzotti – sind anderswo geboren und fühlten und fühlen sich dennoch hier zu Hause.

Mailand ist eine Karrierestadt. Wer vor Ehrgeiz brennt, ist hier an der richtigen Adresse. Denn hier wird bestimmt, gelenkt und dirigiert – in der Wirtschaft, in der Mode, im Design, in den Medien. Italiens wichtigste **Ver-**

lage, von Mondadori bis Rizzoli, haben hier ihren Sitz. Von Mailand aus herrschte der Medienmogul und einstige Ministerpräsident Italiens Silvio Berlusconi über seine Verlage, Fernsehsender, Baugesellschaften und Fußballklubs. Als ihm der Sinn nach Höherem stand, gründete er in seiner Heimatstadt die politische Bewegung »Forza Italia«, mit der er von Mailand aus ganz Italien erobert hat.

Mailand ist auch eine Stadt der Frauen. Hier trotzt die elegante Italienerin dem Bild der südländischen wohlbeleibten Mamma, die sich vor allem um »bambini« und »spaghetti« sorgt. Eine Umfrage bewies: Berufstätige Mailänderinnen und Hausfrauen halten sich die Waage. In keiner anderen italienischen Stadt begegnet man so vielen Frauen mit Aktenkoffern oder bei Geschäftsessen. Sogar die Geschicke der Stadt liegen in weiblichen Händen: Mailand hat eine Bürgermeisterin, Letizia Moratti.

Apropos: Wer viel arbeitet, will auch gut essen – und das kann er hier: chinesisch, japanisch, russisch und natürlich italienisch! Die eigene traditionelle Küche entspricht dem Charakter der Milanesen – bodenständig gut, ohne viel Schnickschnack, aber deftig: »riso« statt »pasta«, »burro« statt »olio d'oliva«. Zu Weltruhm brachten es Spezialitäten wie »ossobuco«, »cotoletta alla milanese« und »panettone«, der Weihnachtskuchen.

Selbstverständlich ist auch in Mailand nicht nur alles eitel Sonnenschein. Wie jede andere Metropole steckt auch diese Stadt voller Probleme, kämpft sie gegen Arbeitslosigkeit, Wohnungsnot, Rezession – um nur einige aufzuführen. Mehr und mehr wächst auch der Unmut der Milanesen gegenüber Rom.

»Milano produce soldi, Roma li spende« – in Mailand wird das Geld verdient, in Rom wird es ausgegeben. Der Höhepunkt einer seit Jahrzehnten schwelenden Rivalität zwischen den beiden italienischen Millionenstädten, die kaum gegensätzlicher sein könnten: Die römische Gelassenheit und »Dolce-far-niente«-Mentalität trifft Funken sprühend auf die agile Geschäftigkeit der Milanesen.

Alte Rivalen: Mailand und Rom

Der Ärger auf die süditalienischen Brüder bzw. der ungebremste Strom der Einwanderer aus der Dritten Welt hat schließlich – zusammen mit einem gewaltigen Korruptions- und Bestechungsskandal innerhalb der Mailänder Stadtverwaltung – zu einem Wahlsieg der rechtsgerichteten »Lega Nord« geführt, die seither sogar den Bürgermeister stellt.

Und dann gibt es noch den berüchtigten Mailänder Nebel. An regnerisch-trüben Tagen, wenn der Dom wie in einen undurchsichtigen Mantel gehüllt scheint, wirkt die Stadt abweisend, gleichzeitig aber geheimnisvoll wie der Zylinder eines Zauberkünstlers: An jeder Ecke, in jeder Gasse könnte eine Entdeckung lauern ...

Neugierig geworden? Dann begeben Sie sich auf Entdeckungsreise. Und wenn Sie vielleicht gar an einem Sonntag einen Gottesdienst im Dämmerlicht des Mailänder Doms erleben, die Stände des malerischen Antiquitätenmarktes entlang der Kanäle durchstöbern und in einer gemütlichen »osteria« ein goldgelbes »risotto alla milanese« genießen – spätestens dann werden auch Sie dem Zauber der hektischen Wirtschaftsmetropole erliegen.

Mailand ist eine Stadt mit vielen Gesichtern: Es ist Sergio, 72, einer der seltenen wahren Mailänder. Ein echter Ambrosianer, ein Meneghino, der einen Dialekt spricht, den man kaum versteht. Der seinen Grappa am liebsten in der »Antica Trattoria dell' orso« in der Via Corelli nimmt, wo schon sein Vater und der österreichische General Radetzky Stammgäste waren. Oder sein Freund Paolo, der im Alter von 20 Jahren aus Apulien in den Norden kam, um Geld für Frau und Kinder zu verdienen, der nun wie kein Zweiter am Sonntagmorgen auf dem Domplatz auf die Sozialisten schimpft und ihnen doch immer wieder seine Stimme gibt. Der an Nebeltagen die Stadt verflucht und sich das blaue Meer Apuliens herbeisehnt.

Mailand, das ist der fünfjährige Michele, der zusammen mit seiner

Künstler, Börsenhaie, Migranten

Mutter Maria im Reihenhausghetto **Milano 2** (ein privates Wohnungsbauprojekt von Fininvest) wohnt und jede freie Minute auf der Straße »calcio« spielt. Der das Trikot eines Nachwuchsspielers des Berlusconi-Vereins AC Milan hütet wie einen Schatz und in nicht allzu ferner Zukunft selbst im San-Siro-Stadion Tore schießen will wie sein Vorbild Paolo Maldini.

Es ist die strohblonde Schwedin Ina, die in einer schäbigen Pension über dem Corso Buenos Aires von Joghurt und »panini« (Brötchen) lebt, die mit Dutzenden anderer Mädchen die Klinken der vielen berühmten Modeagenturen putzt. Die im Frühjahr und Herbst während der großen Modeschauen auf den Stufen vor dem Dom auf eine Zufallsbegegnung mit einem Starfotografen hofft und von einer Karriere à la Heidi Klum träumt …

Mailand, das ist Renato, der wahre Opernfan. Sein Leben ist die **Scala**; mit der Partitur unter dem Arm findet man ihn Abend für Abend auf der »loggione«, auf den billigen Galerieplätzen. Er lässt keine Vorstellung in den heiligen Musikhallen aus, er kennt jede Note, jede Handbewegung des Dirigenten – ein Leben für die Musik.

Es ist auch Habib, der junge Marokkaner, der auf einem Teppich in der Metrostation Loreto gefälschte Louis-Vuitton-Taschen zum Verkauf anbietet und sich neuerdings nicht nur vor der Polizei, sondern auch vor den Angriffen feindlich gesinnter Jugendlicher fürchten muss.

Mailand ist Carlo, der erfolgreiche Börsenmakler, der sich eine Dachterrassenwohnung an den »navigli« (Kanäle) leisten kann, die Wochenenden in seinem Häuschen am Comer See verbringt, im neuesten Moschino-Outfit am Abend im »Nephenta« (Piazza Diaz) tanzt und seiner Freundin zum Geburtstag eine Brosche von Bulgari schenkt.

Es ist Lisa, die Journalistin, die aus Rom in die Medienmetropole zog, die für »Gente Viaggi« schreibt und sich durch die verkehrsverstopften Straßen quält, um ihren Sohn zum Eishockeytraining zu bringen. Es ist Vittorio, der verkannte Künstler, der sich die Nächte an den Navigli um die Ohren schlägt, der im Drogenrausch Meisterwerke kreiert und tatsächlich einen Galeristen im Brera-Viertel dazu brachte, eines seiner Werke auszustellen. Und schließlich ist Mailand Umberto, Chef der »Allianz zur glücklichen Auswanderung«, der für die Mailand-Müden die Auswanderung nach Südamerika oder Afrika inszeniert …

Und nun also – nun sind Sie in Mailand! Wie hätten Sie ihn denn gerne, Ihren Begrüßungscocktail im La Zucca, der Geburtsstätte des weltberühmten Aperitifs in der Mailänder **Galleria Vittorio Emanuele**? Pur? Mit Soda? Oder mit Orangensaft? Das La Zucca befindet sich am Eingang zu einer der größten und vornehmsten, mit Glaskuppeln überdachten Flanierstraßen Europas – zwischen Domplatz und Scala. Die Mailänder nennen sie liebevoll ihren »salon«.

Man trifft sich, man plaudert, und man präsentiert sich im neuesten Look. Die kürzesten Röcke, die neuesten Designerkreationen, die hochhackigsten Schuhe – zuallererst werden sie auf dem »Laufsteg« der Galleria vorgeführt. Selbst die Sekretärin von nebenan sieht aus wie eben der »Vogue« entsprungen. Und sogar die Polizisten üben sich in Eitelkeit: Ihre adretten Uniformen sind Armani-Modelle – allerdings nicht vom Meister persönlich entworfen.

Stil und Eleganz werden hier groß geschrieben – da versteht es sich fast schon von selbst, dass all die Top-Designer und Modemacher mit einem Showroom oder zumindest einem Laden in Mailands prominenter Meile, dem sogenannten »**Goldenen Dreieck**« (Via Montenapoleone, Via San Andrea, Via della Spiga), vertreten sind.

Doch so klassisch und teuer Mailand dort ist, so flippig-bunt und günstig kann es woanders sein: Ohne ein Vermögen auszugeben, kann man in den vielen kleinen Boutiquen am Corso Buenos Aires, rund um die Via Paolo Sarpi oder auf Märkten wie etwa in der Viale Papiniano ein todschickes Stück erstehen. Ein Arm der Galleria führt direkt auf den Domplatz. Dort versammeln sich inmitten einer Taubenschar venezianischer Größenordnung Börsianer mit Aktenkoffern, die ihren neuesten Aktiendeal besprechen; süditalienische Einwanderer, die wild gestikulierend über die Separationpläne der »Lega Nord« parlieren; Liebespärchen treffen sich zu ihrem ersten Rendezvous – und Besucher aus aller Welt, die sich je nach Saison mit einem kühlen »gelato« erfrischen oder einer Hand voll heißer Maroni aufwärmen.

Abends spielt die Musik im Boheme-Viertel **Brera**, in einer der vielen Diskotheken, wo sich Werbeleute, Fotomodelle und Manager von des Tages Mühen erholen – oder aber entlang der Navigli: ein Sommerabend in einem der kleinen Lokale, das leise Plätschern des Wassers gegen die Kanalwand im Ohr, der rauen Stimme des Bluessängers lauschend – da könnte man beinahe vergessen, dass man in Mailand ist. Oder wie es Camilla Cederna zum Ausdruck brachte: »In dieser seltsamen Stadt ... passieren manchmal noch Dinge, die wie Wunder erscheinen, Aschenhimmel, die sich in einen wunderbaren Himmel von zartem, sauberem Blau verwandeln ... ein paar unglaubliche Sonnenuntergänge in rosiger Pracht; und trotz allem wachsen noch smaragdene Blätter auf rußigen Stämmen.«

»Geburtsstätte« des blutroten Campari in der Galleria: das »La Zucca« (→ S. 25). Der In-Aperitif spielte schon im 19. Jahrhundert eine wichtige Rolle in Mailand.

Gewusst wo ...

Fürstlich logieren in der Galleria Vittorio Emanuele im Herzen der Stadt: Die Town House Galleria (→ S. 13) mit persönlichem Butler-Service ist das erste 7-Sterne-Hotel Europas.

Kultur, Shoppen oder Gastronomie – Mailand ist eine Metropole, die Trends setzt. Was heute in Mailand Mode macht, gilt morgen nicht selten im Rest Europas als »in«.

Übernachten

Principe di Savoia, Excelsior Gallia, 3 Rooms – prächtige Stadtpalazzi und trendige Designhotels.

Das Hotel »3 Rooms« in einem verwunschenen Hinterhof bietet tatsächlich nur drei Apartments – aber die strotzen geradezu vor Vintage-Möbeln und Designerstücken.

Neben Luxusherbergen und guten Mittelklassehäusern gibt es auch preiswerte Hotels, oft sogar in sehr zentraler Lage. Es empfiehlt sich allerdings, wenigstens einige Tage im Voraus zu buchen, vor allem im Frühjahr und im Herbst, wenn die großen »sfilate« (Modeschauen) stattfinden.

Eine segensreiche Einrichtung ist das zentrale computergesteuerte **Reservierungssystem** für nahezu alle Hotels sämtlicher Kategorien (Milano Hotels Central Booking; Hotline: 02 29 40 46 16 oder Centro Prenotazioni Hotel Italia; Tel. 02 29 53 16 05; www.cphi.it). Informationen über Hotels bekommt man u.a. im APT-Büro (→ Auskunft, S. 99). Das Frühstück, das man meistens ausdrücklich zur Übernachtung dazubestellen muss, ist ziemlich dürftig. Sie bekommen es preiswerter in der Bar an der Ecke!

Möchten Sie länger in Mailand bleiben, gibt es die Möglichkeit, möblierte Apartments zu mieten – eine gute Alternative zum Hotelaufenthalt. Die Hotelpreise variieren sehr stark je nach Jahreszeit und Messeterminen. Fragen Sie grundsätzlich nach Specials, preisgünstigen Angeboten in weniger gut besuchten Monaten.

Über **www.book-a-hotel-in-milan.com** gibt es auch eine ganze Reihe von Hotelangeboten, die man via Internet buchen kann. Achtung: Vor allem in der Hochsaison ist eine telefonische Zimmerreservierung nicht immer verlässlich! Für Last-Minute-Bucher lohnt auch ein Klick z.B. auf expedia.de, das diverse Mailänder Hotels im Angebot hat.

Hotels ●●●●

3 Rooms ⇢ S. 110, A 8

Wer mal Lust auf ganz was anderes hat, sollte sich im 3 Rooms einmieten. Der Name ist Programm, es gibt ganze drei Suiten mitten im Brera-Viertel im Hof einer einstigen Autowerkstatt. Die Einrichtung stammt vom US-Designer Kris Rus, im Innenhof gibt es ein lauschiges Café zum Frühstücken.

Corso Como 10; Tel. 02 62 61 63; www.3rooms-10corsocomo.com; 3 Suiten ●●●●

Excelsior Gallia ⇢ S. 110, C 8

Eines der besten Hotels der Welt. Hier steigt für gewöhnlich die High Society ab und schläft – zumindest im Nordflügel – unter einem Wolkenhimmel! Günstige Wochenendtarife!

Piazza Duca d'Aosta 9; Tel. 0 26 78 51; www.milan.lemeridien.com; Metro: M 2, M 3/Stazione Centrale (b 2); 250 Zimmer ●●●●

Four Seasons ⇢ S. 114, B 15

Luxus pur in einem einstigen Kloster aus dem 15. Jh. Im Foyer sorgt während der Wintermonate ein Kaminfeuer für Ambiente, in den Lokalen **Teatro** und **Veranda** werden Köstlichkeiten serviert. So viel Luxus hat seinen Preis: Für eine Nacht in der Präsidentensuite muss man 5000 € hinlegen, Standarddoppelzimmer gibt es dagegen »schon« ab 616 €.

Via Gesù 8; Tel. 0 27 70 88; www.fourseasons.com; Metro: M 3/Montenapoleone (b 2); 98 Zimmer ●●●● ♿

Principe di Savoia ⇢ S. 114, B 13

In der neu eröffneten Luxussuite kann man für 7000 € eine der teuersten Nächte Europas verbringen.

Piazza della Repubblica 17; Tel. 0 26 23 01; www.hotelprincipedisavoia.com; Metro: M 3/Repubblica (b 2); 287 Zimmer ●●●● ♿

Town House Galleria ⇢ S. 114, A 15

Eigener Butler, Limousinen-Service, vorgewärmte Badetuchhalter, Leinenbettwäsche, ein lauschiges Restaurant mit Platz für nur 20 Gäste und aller erdenklicher Luxus – im März 2007 wurde das erste 7-Sterne-Hotel Europas in der Galleria Vittorio Emanuele zwischen Domplatz und Scala eröffnet. Es erstreckt sich über zwei Etagen, jedes der 25 Zimmer ist einem Musiker gewidmet. Durch die Fenster hat man einen Blick auf die Galleria.

Besitzer Alessandro Rosso investierte 10 Mio. € in den Luxustempel.
Galleria Vittorio Emanuele; Tel. 0 27 01 56; www.townhouse.it; Metro: M 1, M 3/Duomo (b 2); 25 Zimmer ●●●●

The Westin Palace ···> S. 114, B 13
Im Herzen der Stadt, vom Dachgarten hat man einen wunderschönen Ausblick. Zum Entspannen: türkische Bäder, ganz in Marmor.
Piazza della Repubblica 20; Tel. 0 26 33 61; www.starwoodhotels.com/westin; Metro: M 3/Repubblica (b 2); 216 Zimmer ●●●●

Hotels ●●●

Bulgari ···> S. 114, A 14
Das erste Hotel des Schmuckkonzerns Bulgari. Modernes, superedles Design in Eichenholz und Bronze. Im Wellnessbereich entspannen die Mailänder Geschäftsfrauen. Angeboten werden 33 verschiedene Treatments (z. B. Jetlag Eliminator Massage ca. 100 €). Wer weniger Zeit hat, steigt über die mit Blattgold bezogenen Treppenstufen und schwimmt eine Runde. Hat aber alles seinen Preis ...
Via privata Fratelli Gabba 7/b; Tel. 0 28 05 80 52 00; www.bulgarihotels.com; Metro: M 3/Montenapoleone (b 2); 58 Zimmer und Suiten ●●●

Capitol ···> S. 112, B 12
Das Hotel liegt günstig für Messebesucher, jedoch in einer verkehrsreichen Zone. Fragen Sie nach einem Zimmer, das nicht an der Straße liegt!
Via Cimarosa 6; Tel. 02 43 85 91; www.hotelcapitolmilano.com; Metro: M 1/Pagano (b 2), Tram 24, Bus 18; 96 Zimmer ●●●

Carlton Hotel Baglioni ···> S. 114, B 14
Teuer, aber es lohnt sich. Ideal ist ein Zimmer mit Blick auf die elegante Via Spiga. Sie schlafen dennoch ruhig, die Via Spiga ist für den Verkehr gesperrt.
Via Senato 5; Tel. 0 27 70 77; www.baglionihotels.com; Metro: M 3/Montenapoleone (b 2); 79 Zimmer ●●● ♿

Carlyle Brera Hotel ···> S. 113, F 10
Guter Komfort und etwas teuer, aber zentral gelegen.
Corso Garibaldi 84; Tel. 02 29 00 38 88; www.brerahotels.com/carlyle; Metro: M 2/Garibaldi, Moscova (b 2); 98 Zimmer ●●● ♿

Diana Majestic ···> S. 114, C 14
Grandhotel mit Jugendstilcharme und schönem Garten, kein Restaurant.
Viale Piave 42; Tel. 0 22 05 81; www.sheraton.com/dianamajestic; Metro: M 1/Porta Venezia (c 2), Tram 23, 29, 30; 94 Zimmer ●●●

Gran Hotel Fieramilano ···> S. 112, B 9
Optimal für Messebesucher, gegenüber der Porta Domodossola. Im Sommer Frühstück im Garten.
Viale S. Boezio 20; Tel. 02 33 62 21; www.atahotels.it; Metro: M 1/Amendola Fiera (a 2), Tram 19; 236 Zimmer ●●●

Manin 👪 ···> S. 114, B 14
Moderne Zimmer nahe den Giardini Pubblici. Ausgesprochen freundliche Atmosphäre.
Via Manin 7/9; Tel. 0 26 59 65 11; www.hotelmanin.it; Metro: M 3/Turati (b 2), Bus 97; 110 Zimmer ●●●

Michelangelo ···> S. 110, C 8
Modernes Hotel mit Kongresssälen, nahe Hauptbahnhof.
Via Domenico Scarlatti 33; Tel. 0 26 75 51; www.milanhotel.it; Metro: M 2, M 3/Stazione Centrale (b 2); 305 Zimmer ●●● ♿

Pierre Milano 👪 ···> S. 113, E 12
Erlesene, sorgfältige Ausstattung. Zimmer zum Innenhof bestellen!
Via E. de Amicis 32; Tel. 02 72 00 05 81; www.hotelpierremilano.it; Metro: M 2/S. Ambrogio (b 2/3); 49 Zimmer ●●● ♿

Sir Edward ···> S. 114, A 16
Ein renovierter Stadtpalast im Herzen der Stadt, im Schatten der Madonnina. Erstklassige Adresse für Geschäftsleute, hoteleigene Garage.

MERIAN *live!*-QUIZ

GEWINNSPIEL: Monat für Monat eine Reise und weitere attraktive Preise zu gewinnen!

Um wen, was oder welchen Ort geht es hier?

»Es gibt Menschen, die man schon deswegen bewundern muss, weil sie selbst in dunkelsten Stunden nie aufgeben. Reüssiert so jemand dennoch – wem würde man es mehr gönnen? Der Gesuchte war so ein Mensch.

Das Metier dieses Italieners machte es ihm anfangs nicht leicht. Ort der Handlung: ein Mailänder Treppenhaus. Der Gesuchte fiel, um im Bild zu bleiben, die Treppe runter, kaum dass er sie betrat. Kurz darauf starben zwei seiner Kinder und die erste Frau. Und doch wurde er hier zum Treppenhausmeister.

Denn bald war es ihm gelungen, eng mit der italienischen Geschichte verknüpft, genau den richtigen Ton zu treffen: Unter der Fremdherrschaft fühlten sich seine Landsleute, als wären sie gefangen. Wie gerufen kam da (s)ein Chor, in den alle einstimmten. So geriet sein Name zur Initial(ien)zündung einer majestätischen Wiedervereinigungsidee. Geschichtspoesie, gewiss. Und doch war es mehr.

Legende ist, ein späteres Werk, sicher sein berühmtestes, sei entstanden, weil, salopp gesagt, anderswo ein Land endlich den Kanal voll hatte. Solche Auftragsarbeiten lehnte er längst ab. Obwohl kein gebürtiger Mailänder, war er der Stadt zutiefst verbunden: Neben seiner zweiten Frau ruht er in der Krypta. Als Unternehmertyp stand ihm eher die Fürsorglichkeit Pate denn eine gewerkschaftliche Idee. Was er heute von der Zweckverwendung seines guten Namens nördlich der Alpen hielte, lässt sich da nur ahnen.«

Felix Woerther

Wenn Sie die Lösung wissen, besuchen Sie uns doch im Internet unter **www.merian.de/quiz** oder senden Sie uns eine E-Mail an **quiz@travel-house-media.de**

Unter den Einsendern verlosen wir Monat für Monat attraktive Preise. Viel Glück!

presented by **OLYMPUS**

Via Mazzini 4; Tel. 02 87 78 77; www.hotelsiredward.com; Metro: M 1, M 3/Duomo (b 2); 39 Zimmer ●●● ♿

Spadari al Duomo → S. 113, F 12
Ein »Künstler«-Hotel nahe der Piazza Duomo, wobei jedes Zimmer von einem Künstler anders gestylt wurde.
Via Spadari 11; Tel. 02 72 00 23 71; www.spadarihotel.com; Metro: M 1, M 3/Duomo (b 2); 40 Zimmer ●●●

Starhotel Rosa → S. 114, B 15
Geräumige Zimmer in Pastelltönen. Zwischen Corso Vittorio Emanuele und Piazza Fontana. Babysitter für gestresste Mütter, American Bar, reichhaltiges Frühstücksbuffet.
Via Pattari 5; Tel. 02 88 31; www.starhotels.it; Metro: Duomo (b 2); 185 Zimmer ●●●

Town House 31 → S. 115, E 15
Afrikanische Masken, Möbel aus Bali, orientalische Fenster: eine kleine Oase im Großstadtdschungel. Bei der Einrichtung setzte man durchweg auf Naturmaterialien. Am langen Frühstückstisch treffen sich Geschäftsleute und Touristen beim Cappuccino.
Via Carlo Goldoni 31; Tel. 0 27 01 56; www.townhouse.it; Metro: M 1/Porta Venezia (c 2); 18 Zimmer ●●●

Hotels ●●

Ariston → S. 113, F 12
Gutes Mittelklassehotel mit reichhaltigem Frühstücksangebot und einem Extra-Stockwerk für Nichtraucher, etwa zehn Gehminuten vom Dom entfernt. Stellt Fahrräder zur Verfügung.
Largo Carrobbio 2; Tel. 02 72 00 05 56; www.aristonhotel.com; Metro: M 3/Missori (b 3), Tram 8, 19; 48 Zimmer ●●

Executive → S. 110, A 8
Neues Hotel nahe der Stazione Garibaldi. Bis zum Jahr 1983 befand sich hier der Sitz der Alitalia. Aus alter Gewohnheit wohl wird das Executive gerne vom Personal diverser Airlines bewohnt.
Viale Luigi Sturzo 45; Tel. 0 26 29 41; www.hotel-executive.com; Metro: M 2/Stazione Garibaldi (b 2), Bus 43; 420 Zimmer ●●

Gran Duca di York → S. 113, F 12
Schönes Hotel hinter der Pinacoteca Ambrosiana. Leider etwas laut.
Via Moneta 1/a; Tel. 02 87 48 63; www.ducadiyork.com; Metro: M 1/Cordusio (b 2); 33 Zimmer ●●

Locanda dei Mercanti → S. 113, F 11
Die Zimmer in der gemütlichen Locanda im ersten Stock sind liebevoll mit allerlei Nippes eingerichtet, die Lage ist zentral. Aber: Es gibt keine Minibar und keinen Fernseher.
Via San Tomaso 6; Tel. 0 28 05 40 80; www.locanda.it; Metro: M 1/Cairoli; 14 Zimmer ●●

Manzoni → S. 114, B 14
Klein, aber fein. Die Einrichtung besticht mit Liebe zum Detail.
Via Santo Spirito 20; Tel. 02 76 00 57 00; www.hotelmanzoni.com; Metro: M 3/Montenapoleone (b 2); 52 Zimmer ●●

Marconi → S. 114, B 13
In der Nähe des Hauptbahnhofs gelegen mit hübschem Garten; ein Großteil der Zimmer wurde renoviert.
Via Fabio Filzi 3; Tel. 02 66 98 55 61; www.marconihotel.it; Metro: M 2, M 3/Stazione Centrale (b 2); 67 Zimmer ●●

Palazzo delle Stelline → S. 113, D 11
Angenehmes Hotel in einem ehemaligen Klosterkomplex mit schönem Garten. Alle Zimmer haben Balkon.
Corso Magenta 61; Tel. 0 24 81 84 31; www.hotelpalazzostelline.it; Metro: M 1, M 2/Cadorna (b 2), Bus 18, Tram 24, 19; 103 Zimmer ●● ♿

Ritter → S. 113, F 10
Einfaches, aber sauberes Hotel. Das untere Stockwerk ist modern eingerichtet, die Unterkünfte sind im Stil der Siebzigerjahre gestaltet.

Corso Garibaldi 68; Tel. 02 29 00 68 60; www.ritter-hotel.com; Metro: M 2/ Moscova (b 2); 88 Zimmer ●●

Zurigo S. 114, A 16
Einfaches Hotel mit ordentlichen Zimmern in Domnähe – verleiht kostenlos Fahrräder an seine Gäste!
Corso Italia 11; Tel. 02 72 02 22 60; www.brerahotels.com/zurigo; Metro: M 3/Missori (b 3), Tram 15; 41 Zimmer ●●

Hotels ●

Albergo Albert S. 113, F 12
Kleine, sympathische Hotelpension ohne großen Luxus, aber sehr zentral in der Nähe des Bahnhofs gelegen.
Via Sammartini; Tel. 02 66 98 54 46; Metro: M 2, M 3/Stazione Centrale (b 2); 62 Zimmer ●

Nuovo S. 114, B 15
Sehr einfach, sehr preisgünstig, sehr zentral hinter dem Dom gelegen.
Piazza Beccaria 6; Tel. 02 86 46 44 44; www.hotelnuovomilano.com; Metro: M 1, M 3/Duomo (b 2); 37 Zimmer ●

Vecchia Milano S. 113, F 12
Freundliche, saubere, aber sehr einfache Zimmer in einem alten Mailänder Stadtpalast.
Via Borromei 4; Tel. 02 87 50 42; www.hotelvecchiamilano.it; Metro: M 1/Cordusio; 28 Zimmer ●

Apartments

Borgonuovo Residence S. 114, A 14
Luxusapartments mitten im Einkaufsparadies des »Goldenen Dreiecks«.
Via Borgonuovo 1; Tel. 02 64 22 11; Metro: M 3/Montenapoleone (b 2)

Contessa Jolanda S. 110, A 5
Moderne Apartments mit Swimmingpool auf dem Dach und Babysitter auf Wunsch.
Via Murat 1; Tel. 0 26 97 61; E-Mail: prenotazione@contessajolanda.com; Metro: M 3/Zara (b 2), Bus 51, 83

MERIAN-Tipp

1 Antica Locanda Solferino

Mitten im Herzen des Brera-Viertels versprüht ein gemütliches einfaches Haus den Charme des alten Mailand. Die Locanda Solferino, ehemals ein Gasthaus, ist immer noch im ländlich-rustikalen Stil von anno dazumal eingerichtet. Besonders gerne quartieren sich hier junge Intellektuelle und Fotomodelle ein. Man sollte daher unbedingt rechtzeitig reservieren. Alle Zimmer sind mit Bad.

Via Castelfidardo 2; Tel. 0 26 57 01 29; www.anticalocandasolferino.it; Metro: M 2/Moscova (b 2), Bus 43, Tram 29, 30; 11 Zimmer ●● S. 114, A 13

Principessa Clotilde S. 114, A 13
Nicht weit vom Hauptbahnhof; einfache Zimmer mit Doppelbett und Aufenthaltsraum. Beliebt bei Fotomodellen und Gästen aus der Theaterwelt.
Corso di Porta Nuova 52; Tel. 02 62 43, Fax 0 26 59 70 93; Metro: M 2/Moscova (b 2), Bus 43, Tram 11; 12 Zimmer

Hotels in der Umgebung

Colleoni
Umschlagkarte hinten, d 3
Etwas außerhalb an der Autobahn nahe der Monza-Ausfahrt, Kongresszentrum mit riesiger Parkanlage.
Via Cardano 2, 20041 Agrate Brianza; Tel. 03 96 83 71; www.hotelcolleoni.it; Metro: M 2/Gobba (c 1), dann Bus; 170 Zimmer ●●●

Residence Club
Umschlagkarte hinten, c 4
An einem See inmitten einer Grünanlage, ca. 20 Min. vom Zentrum gelegen. Vielfältige Sportmöglichkeiten für den großstadtgestressten Gast.
Palazzo dei Cigni, 20080 Basiglio; Tel. 02 90 74 61, Fax 02 90 75 40 36; Metro: M 2/Porta Genova (b 3), dann Bus Richtung Milano 3; 200 Zimmer ●●●

Essen und Trinken

Weit mehr als das Stillen von Hunger und Durst: Kommunikation, Leidenschaft, ein Fest fürs Auge ...

Die Delikatessenhandlung Peck ist eine Mailänder Institution. Und in der Küche des angeschlossenen Restaurants Cracco-Peck (→ S. 29) glänzt die Kreativität von Carlo Cracco, dem aufstrebenden Star an Italiens Gastro-Himmel.

Man lässt den leiblichen Genuss in Mailand langsam angehen. Dem Frühstück (»prima colazione«) kommt nur eine Statistenrolle zu: ein Espresso oder Cappuccino, dazu ein Keks oder ein Croissant, das Ganze meist im Stehen – damit hat es sich.

Auch das Mittagessen (»colazione«) mutet eher bescheiden an: Man trifft sich in einer der unzähligen Bars oder Rosticcerien bei einem belegten »panino«, »tramezzino« oder einer kleinen Pizza. Dazu trinkt man Mineralwasser, frisch gepressten Fruchtsaft oder genehmigt sich bereits ein Gläschen Wein.

Die Hauptrolle nämlich spielt das Abendessen (»cena«): »aperitivo«, »antipasto«, »primo«, »secondo«, »dolce« oder »frutta« oder »formaggio«, dazu »vino« und später »caffè« und »digestivo«. So wird in aller Ruhe – und am liebsten in Gesellschaft – geschlemmt, getrunken und parliert.

Typische **Mailänder Spezialitäten** sind »cassoeula«, »cotoletta alla milanese«, »ossobuco«, »busecca alla milanese«, »rostin negàa«. Der »panettone«, der traditionelle italienische Weihnachtskuchen, trat seinen weltweiten Siegeszug von Mailand aus an. Weitere süße Spezialitäten sind »buscchina«, »tortellini di carnevale«, »pan de mey«, »laciaditt«, »oss de mort«.

Kleine Warnung: Die Mailänder Küche ist schmackhaft, aber auch recht deftig. Für Sharon Stone war dies ein Grund, Mailand zu verlassen. Als 19-Jährige startete sie dort ihre Karriere als Model, doch die kulinarischen Versuchungen waren zu groß ...

Die Wirtschaftskrise der letzten Jahre ist auch an den Mailänder Gourmettempeln nicht spurlos vorübergegangen. Während man früher dreimal die Woche auswärts essen ging, kann man es sich heute höchstens noch einmal leisten. Aber wenn essen gehen, dann richtig. Gourmettempel und Edellokale erleben derzeit eine Renaissance in Mailand, und sogar die »Primadonna« der höheren Kochkunst, Gualtiero Marchesi, ist wieder zurück. Der berühmteste Sternekoch Italiens zog sich vor Jahren zurück in die Provinz, seit Mai 2008 schwingt er im **Biffi Scala** wieder den Kochlöffel.

MERIAN-Tipp

2 Il Salurnaio

Hier treffen sich die Verkäuferin von Valentino, das Vorführmodell aus dem Showroom von Krizia und die Industriellen-Gattin. Gehobenes Ambiente, herrlicher Innenhof, interessantes Publikum, tolle Lage – doch leider hat das alles auch seinen Preis. Wer jedoch sehen und gesehen werden will, ist hier definitiv richtig. Außerdem gibt es köstliche Salatteller, und die »dolci« sind ein Gedicht.

Via Montenapoleone 12 (im Hof); Tel. 02 78 46 50; Metro: M 3/Montenapoleone (b 2); nur mittags geöffnet, So geschl. ●●● → S. 114, A 15

Restaurants ●●●●

Biffi Scala → S. 114, A 15

Mai 2008. Ein großer Moment für die Mailänder Gastroszene: Der berühmte Sternekoch Gualtiero Marchesi kommt aus der lombardischen Provinz zurück nach Mailand zum Re-Opening des nicht minder berühmten Biffi Scala Restaurants. »Mailand ist meine Stadt. Und hier bin ich wieder«, freut sich der Meisterkoch. Und mit ihm sicher die Gäste des Biffi Scala!

Piazza della Scala; Tel. 02 86 66 51; Metro: M 1, M 3/Duomo (b 2); 7.30–1 Uhr, So geschl.; rechtzeitig reservieren! ●●●●

Cracco-Peck

→ S. 29

Sadler Osteria di Porta Cicca → S. 117, D 18

Regionale Küche, erstklassiger Service – und erstklassige Preise. Carpaccio vom frischen Tunfisch und »pesce San Pietro al pesto«.

Ripa di Pta. Ticinese 51; Tel. 02 58 10 44 51; Metro: M 2/Porta Genova (b 3), Tram 19; So/Mo geschl. ●●●●

La Scaletta → S. 117, D 17

Alles vom Feinsten: Ambiente, Speisen, Wein, Grappa ...

Piazzale Stazione di Porta Genova; Tel. 02 43 98 63 16; Metro: M 2/Porta Genova (b 3); So/Mo geschl. ●●●●

Restaurants ●●●

360 ° → S. 117, D 17

Eine Art Mix aus Restaurant und Massagesalon (nein, nichts Anstößiges!). Umgeben von allerlei Pflanzen kann man erst köstlich speisen, sich dann in einem separaten Raum durchkneten lassen – oder umgekehrt (einen Tag vorher anmelden, 50 €). Viele Mailänder Geschäftsleute nutzen das Angebot für ihre Mittagspause.

Via Tortona 12; Tel. 0 28 35 67 07; Metro: M 2/Porta Genova (b 3); Di–Mi 11–19, Do, Fr bis 24, Sa, So 12–17 Uhr ●●●

Al Cuoco di bordo → S. 111, D 7

In einem mit original Schiffszubehör ausgestatteten Raum verwöhnt Sie der »cuoco di bordo«, der »Schiffskoch«, mit hervorragenden Fischgerichten. 40 (!) Arten von »antipasti di mare«.

Via C. Gluck 11; Tel. 0 26 69 18 73; Tram 4, 11; Mo, Di geschl. ●●●

Antica Trattoria della Pesa → S. 113, F 9

Das Lieblingslokal des Modedesigners Romeo Gigli: eine zauberhafte Osteria mit dem Flair des 19. Jh. und eine ausgezeichnete Küche. Niemand bereitet die »cassoeula« und die »rostin negàa« wie der Koch der Antica Pesa.

Viale Pasubio 10; Tel. 0 26 55 57 41; Metro: M 2/Garibaldi F.S. (b 2), Bus 61; So geschl. ●●●

Arrow's → S. 109, D 4

Klein, fein und bekannt für ausgezeichnete Fischgerichte. Immer frisch vom Markt und fantasievoll zubereitet.

Via G. Mussi 13; Tel. 02 34 15 33; Bus 1, 19, 27; So, Aug. geschl. ●●●

Don Lisander → S. 114, A 15

Einer der klassischen Mailänder Gourmettempel, wo man sich die lombardische Küche in einem schönen Sommergarten mitten in der Stadt schmecken lassen kann.

Via A. Manzoni 12 a; Tel. 02 76 02 01 30; Metro: M 3/Montenapoleone (b 2); So, Weihnachten und drei Wochen im Aug. geschl. ●●●

Das nur wenige Minuten von der Porta Romana entfernte Sterne-Restaurant Sadler (→ S. 19) ist mit seinen nur 40 Gedecken eine Top-Adresse für Fischspezialitäten.

MERIAN-Tipp

3 Bottiglieria Da Pino

Eine volkstümliche, gemütliche Oase mitten im mondänen Mailand. Aufgetischt wird herzhafte, bodenständige Küche wie »risotto alla milanese«, immer dienstags und mittwochs hausgemachte Gnocchi, zum Nachtisch hausgemachte »dolci« wie Ricottakuchen mit Erdbeersauce.

Via Cervo 14; Tel. 02 76 00 05 32; Metro: M 1/San Babila (c/d 2); nur mittags geöffnet, So, Aug., Weihnachten geschl.
●● → S. 114, B 15

Da Gianni e Dorina → S. 109, F 4
Ein Geheimtipp für den Weinliebhaber. In der Küche steht Schwägerin Esther und kreiert Gerichte, die dem erlesenen Wein in nichts nachstehen.
Via Guglielmo Pepe 38; Tel. 02 60 63 40; Metro: M 2/Garibaldi (b 2), Tram 8, 11; Sa mittags und So geschl., Reservierung nötig ●●●

Giannino → S. 115, D 16
Giannino ist ein echter kulinarischer Tempel und ein Stück Mailänder Geschichte. Was das originelle Ambiente verspricht, hält die Küche; besonders zu empfehlen sind die Scampi nach Livorner Art.
Via Sciesa 8; Tel. 02 55 19 55 82; Metro: M 1/San Babila (b/c 2); So und Im Aug. geschl. ●●●

Gold → S. 115, D 15
Hier schufen die Modedesigner Dolce & Gabbana den neuesten Luxus-Tempel. Der Name ist Programm. Die Inneneinrichtung ist gülden, ebenso die Einkaufstaschen, in denen man verstauen kann, was man im dazugehörigen Gastro-Shop erstanden hat. Restaurant, Bistro und Shop in einem.
Via Carlo Poerio 2/A; Tel. 0 27 57 77 71; www.dolcegabbanagold.it; Metro: M 1/ Palestro; Restaurant tgl. 19.30–23, Bistro 8–2, Café 8–18.30, Bar 19–2 Uhr ●●●

Gran San Bernardo da Alfredo → S. 109, D 3
Alfredo gehört zweifellos zu den besten Köchen der lombardischen Metropole. Insbesondere seine »cassoeula« ist ein Gedicht, und bei dem herrlichen Vanillesoufflee wird ohnehin jeder schwach.
Via G. A. Borgese 14; Tel. 0 23 31 90 00; Tram 12, 14; So, 23. Dez.–6. Jan. sowie 3 Wochen im Aug. geschl. ●●●

Nobu → S. 114, A 15
Nobelrestaurant, das Giorgio Armani gehört und auch vom Meister selbst eingerichtet wurde. Mit an Sicherheit grenzender Wahrscheinlichkeit trifft man hier einen Prominenten beim Essen. Die Küche geht in die asiatische Richtung. Die Preise sind hoch, dafür gibt es eine »Sushi Happy Hour«.
Via Pisoni 1; Tel. 02 62 31 26 45; Metro: M 3/Montenapoleone (b 2) ●●●

Al Porto → S. 117, D 17
Fangfrischer Fisch mitten in Mailand an der Porta Genova, traumhaft zubereitet – das hat natürlich seinen Preis ...
Piazzale Cantore; Tel. 02 89 40 74 25; Metro: M 2/S. Agostino (b 3), Tram 19; So, Mo geschl. ●●●

A Riccione → S. 110, B 6
Die Brüder Metalli aus Riccione haben sich mit ihren Fischspezialitäten einen Namen gemacht. Unbedingt probieren: überbackene Miesmuscheln.
Via Torquato Taramelli 70; Tel. 0 26 68 68 07; Tram 4, 11; Mo und im Aug. geschl. ●●●

L'Ulmet → S. 113, F 12
Eines der besten Schlemmerlokale Mailands. Das »risotto con asparagi selvatici e scampi« ist ein Genuss, das »ossobuco« steht dem in nichts nach – und dann erst das Frucht-Parfait mit Nusssauce ...
Via Disciplini, nahe Via Olmetto; Tel. 02 86 45 27 18; Metro: M 3 Missori (b 2/3); tgl. außer So, Sa mittags und Aug. geschl. ●●●

Savini → S. 114, A 15
Seit dem Jahr 1877 hat das traditionelle Luxuslokal seinen festen Platz in der Galleria; die Einrichtung ist unverändert, das Silber hat den Zweiten Weltkrieg überlebt. War man in den Siebzigerjahren ohne Krawatte und prall gefüllten Geldbeutel im Savini nicht besonders gerne gesehen, so gibt es heute für etwa 30 € bereits ein komplettes Menü. Neue Preise, besserer Service – gewohntes Ambiente und das einschlägige Publikum aus Politik und Showgeschäft.
Galleria Vittorio Emanuele; Tel. 02 72 00 34 33; Metro: M 1, M 3/Duomo (b 2); So geschl. ●●●

Suntory → S. 114, A 15
Nach Pasta und Pizza Lust auf Sushi? Hier gibt es japanische Küche.
Via G. Verdi 6; Tel. 0 28 69 30 22; Metro: M 3/Montenapoleone (b 2), Tram 1; So geschl. ●●●

Yar → S. 118, A 21
Bei Wodka, Beluga-Kaviar und Filet Stroganoff treffen sich die Reichen und Schönen aus der Show- und Glitzerwelt. Am Abend speist man bei Kerzenlicht und hat die Qual der Wahl unter 18 Wodkasorten.
Via G. Mercalli 22; Tel. 02 58 30 52 34; Metro: M 3/Crocetta (b 3); So geschl. ●●●

RESTAURANTS ●●

Aquarius → S. 113, D 9
Elegantes und stets gut besuchtes Lokal. Besonders köstlich sind das Lachs-Tartar mit Zucchini und Spargel oder der Artischockensalat mit Rucola, Birnen und Pecorino. Wer Fisch mag, sollte auch die Muschelsuppe kosten!
Corso Sempione 49; Tel. 0 23 31 50 93; Bus 1; So geschl. ●●

L'Assassino → S. 113, F 12
Aus dem Lokal »Der Mörder« kommen Sie bestimmt lebend wieder heraus, auch wenn die »penne all'arabbiata« mörderisch scharf sind. Die wunderbare hausgemachte Apfeltorte liefert anschließend die notwendige Süße …
Via Amedei 8; Tel. 0 28 05 61 44; Metro: M 3/Missori (b 3); Mo geschl. ●●

L'Aurora → S. 116, C 17
In den drei holzgetäfelten Sälen des Aurora fühlt man sich wie in einer Osteria aus dem »vecchia Milano«.
Via Savona 23; Tel. 02 89 40 49 78; Metro: M 2/Porta Genova (b 3); Mo geschl. ●●

Das Gourmetrestaurant Joia ist ein ganz besonderer Ort für Liebhaber vegetarischer Gerichte. Chefkoch Pietro Leeman (2. v. l.) und seine Küchencrew machen's möglich.

Bagutta → S. 114, B 15
Kochlöffel und Kugelschreiber: Toskanische Spezialitäten und der Literaturpreis, der hier alljährlich verliehen wird, haben das Lokal auch über die Grenzen Mailands hinaus bekannt gemacht.
Via Bagutta 14; Tel. 02 76 00 09 02; Metro: M 1/San Babila (b 2/c 3); So, Aug. und Weihnachten geschl. ●●

Boccondivino → S. 113, E 11
Die Trattoria ist bekannt für besonders gute Salami, Käsespezialitäten und ausgezeichnete Weine.
Via Giosuè Carducci 17; Tel. 02 86 60 40; Metro: M 1, M 2/Cadorna (b 2); tgl. außer mittags, So, Aug. geschl. ●●

Al Buon Samaritano → S. 111, D 8
Pietro, der Chef des »guten Samariters«, ist v. a. für sein wahrlich kaiserliches Reisgericht berühmt: »risotto per la zarina«. Zwei Scheiben Lachs und ein Löffelchen Kaviar sorgen für den unnachahmlichen Geschmack.
Via F. Gaffurio 1; Tel. 0 26 69 27 73; Metro: M 2/Caiazzo (c 2); Sa mittags und So geschl. ●●

Casa Fontana → S. 110, B 7
Spezialität des Hauses sind »risotti«. Es werden 23 Reisgerichte aufgetischt, eines schmackhafter als das andere.
Piazza Carbonari 5; Tel. 0 26 70 47 10; Metro: M 3/Sondrio (b 2); tgl. außer Mo, Sa mittags, Aug. geschl. ●●

Cavallini → S. 110, C 8
Klassische lombardische Küche, im Sommer kann man auch im schönen Garten sitzen. Angeschlossen ist die Enothek Vigneto, wo man sich durch die besten Weine kosten kann.
Via Mauro Macchi 2; Tel. 0 26 69 37 71; Metro: M 2, M 3/Centrale (b 2); Sa, So und im Aug. geschl. ●●

Da Giulia → S. 113, D 9
Gute mediterrane Küche und exzellente Weine. Der Fisch kommt frisch vom Markt, eine Sünde wert sind auch die halb gefrorenen Fruchtdesserts nach Art des Hauses. Das Giulia ist übrigens auch im August geöffnet.
Piazza Gramsci 3; Tel. 02 36 51 21 77; Bus 1; Mo geschl. ●●

Insalateria delle Langhe → S. 110, A 8
Zwei Lokale in einem. Im oberen Stock, der »Insalateria«, geht es lockerer zu, man kann auch einfach nur einen der vielen leckeren Salate bestellen. Im Restaurant darunter gibt es gute traditionelle Küche, dort sollte man aber mindestens zwei Gänge ordern.
Corso Como 6; Tel. 0 26 59 51 80; Metro: M 3/Repubblica (b 2) ●●

Joia → S. 114, C 13
Vegetarische Küche kann offenkundig so lecker sein: Maccheroni mit Auberginen, Pinienkernen, Bohnen und wildem Fenchel – einfach köstlich. Oder vielleicht doch lieber der Käse-Pilz-Auflauf oder ...
Via Panfilo Castaldi 18; Tel. 02 29 52 21 24; Metro: M 2/Porta Venezia (c 2); tgl. außer Sa mittags, So, Weihnachten, Neujahr und Aug. geschl., reservieren! ●●

Seiperseo → S. 119, D 21
»Bepi e Perseo partono per la guerra ...« Von diesem Witz hat das Lokal seinen Namen. Kein Witz ist die Küche, im Gegenteil, hier gibt es die besten Trüffelsaucen in ganz Mailand.
Via Andrea Maffei 12; Tel. 02 55 18 42 12; Tram 23, 29, 30; So geschl. ●●

RESTAURANTS ●

Pizza big → S. 111, D 7
Zur Auswahl stehen mehr als 70 Pizzen, groß wie Wagenräder.
Viale Brianza 30; Tel. 0 22 84 65 48; Metro: M 1, M 2/Loreto (c 2); tgl. 12–14.30 und 19–22.30 Uhr, So, Aug. geschl. ●

Super Pizza → S. 118, B 22
Die Pizza, wie sie sein sollte: knuspriger Rand, üppig belegt. Zur Auswahl stehen über 40 Pizzasorten. Immer voll, weil es nur wenige Tische gibt.
Viale Sabotino 4; Tel. 02 58 32 04 10; Metro: M 3/Porta Romana (b 3); Mo geschl. ●

Das Anwesen Corso Como 10 steht für Designermode, Kunst und Literatur. Im gleichnamigen Café kann man in illustrer Gesellschaft seinen Cappuccino genießen.

Vecchia Latteria ···› S. 114, A 16

Winzig, nur mittags geöffnet, immer voll, und es gibt keine Fleisch- oder Wurstgerichte – dabei: urig, gemütlich, nette Gäste und richtig gutes Essen!

Via dell'Unione 6; Tel. 02 87 44 01; Metro: M 1, M 3/Duomo; tgl. 11.30–15.30 Uhr ●

Il Verdi ···› S. 114, A 14

Immer gut besuchtes Lokal, wo man auch mal nur eine Kleinigkeit essen kann. Für Reisliebhaber empfehlen sich die äußerst schmackhaften »risotti«. Extra Kindermenü.

Piazza Mirabello 5; Tel. 0 26 59 07 97; Metro: M 2/Moscova (b 2); tgl. außer Sa mittags, So geschl. ●

Cafés und Eisdielen

La Bottega del gelato ···› S. 111, D 8

Eisgenuss der tropischen Art. Papaya, Avocado, Feige, kaum eine exotische Frucht, die hier nicht zu Eis wird. Aber auch die herkömmlichen Sorten sind ein einziger Traum.

Via Pergolesi 3; Metro: M 2/Caiazzo (c 2)

Brunch di Gualtiero Marchesi ···› S. 114, A 15

So ganz hat sich der Maestro doch noch nicht aus Mailand zurückgezogen: Mit seinem »Brunch« bietet er hinter dem Dom dem eiligen Gast eine erstklassige Küche auf die Schnelle. Gaultiero Marchese bleibt dabei seinem Stil treu – allerdings auch seinen Preisen.

7. Stock im Kaufhaus Rinascente, Via Santa Radegonda 1; Metro: M 1, M 3/ Duomo (b 2); Mo–Sa 11.45–23.45 Uhr

Caffè Carducci ···› S. 113, E 12

Der neueste Cappuccino-Treffpunkt. Elegantes Café, das mit einer auffälligen Liebe zum Detail eingerichtet wurde. Der Barkeeper ist berühmt für seine Cocktails.

Via San Vittore 2; Metro: M 1/S. Ambrogio (b 2/3), Bus 50; Mo–Sa 6.30–20.30 Uhr

Caffè Gucci ···› S. 114, A 15

Das Designer-Label Gucci macht in der Galleria Vittorio Emanuele die Schokolade zum Design-Objekt. Die exklusiv für den berühmten Mailänder Konditor Ernst Knam kreierten süßen Sünden sind so begehrt wie Gucci-Objekte selbst. Und die Leckereien tragen sogar das Gucci-Zeichen.

Galleria Vittorio Emanuele s/n; Metro: M 1, M 3/Duomo (b 2); Di–So 9–19 Uhr

Cigno Nero ···› S. 114, B 14

Voll bepackt mit Designertüten von Valentino, Krizia oder Milla Schön treffen sich hier vor allem die Einkäufer des »Goldenen Dreiecks« auf einen Cappuccino, Snack oder Aperitif.

Via della Spiga 33; Metro: M 3/Montenapoleone (b 2); Mo–Sa 8–20 Uhr

Corso Como 10 ···› S. 110, A 8

Das Reich der ehemaligen Chefin der italienischen Modezeitschrift Vogue, Carla Sozzani. Café, Disco, Aperitivlokal und Restaurant in einem. Wenn es warm ist, kann man in dem hübschen Innenhof gut im Freien sitzen. Buchhandlung und Galerie im ersten Stock.

Corso Como 10; Metro: M 2/Garibaldi (b 2), Tram 11; Di–So 10–23 Uhr

Freni S. 114, B 15
Schon das Schaufenster ist eine einzige Versuchung – Süßes in allen erdenklichen Variationen, Farben und Geschmacksrichtungen. Firmengründer Salvatore Freni stammt aus Süditalien, und von dort hat er das Rezept für die köstliche Cassata mitgebracht.
Corso Vittorio Emanuele 4, Via Torino; Metro: M 1, M 3/Duomo (b 2); tgl. 9–23 Uhr

Golosia S. 117, D 18
Nach altem Familienrezept werden die Eissorten nur mit natürlichen Zutaten gezaubert, auch hier kommen keine Konservierungsstoffe in die Waffel – und man schmeckt's.
Ripa di Porta Ticinese 55; Metro: M 2/ Porta Genova (b 3)

Hard Disk Café S. 112, C 9
Cyber-Café mit 20 Plätzen zum Surfen und Cappuccinoschlürfen.
Corso Sempione 44; Tram 19; Mo–Sa 7–2 Uhr

Just Cavalli S. 113, D 10
Das Just Cavalli ist ein Designercafé im Sempione-Park und ganz im Cavalli-Stil mit Kristalllüstern und üppigen Leopardenmustercouches eingerichtet, dazwischen schwimmen höchst dekorativ ein paar Fische. Das Café ist ein beliebter Treffpunkt für VIPs und Models. Im Sommer wird der »Just Flower Garden« zum erfrischenden Gartenlokal unter der Torre Branca. Ab 22.30 Uhr gibt es dort Cocktails und Musik der angesagtesten DJs.
Viale Camoens im Sempione Park; Metro: M 1/Cadorna (b 2); Di–Sa 19–22 Uhr

Passerini S. 113, F 12
Gelateria mit Tradition: Das Passerini versorgt seit den Dreißigerjahren Eisliebhaber nahe des Domplatzes mit dem kühlen Schmelz.
Via Victor Hugo 4; Metro: M 1/Cordusio (b 2); tgl. 12–20 Uhr

La Zucca S. 114, A 15
Die Geburtsstätte des Campari – am Sonntagvormittag trifft man sich in der Jugendstilbar in der Galleria auf einen »aperitivo«. 1
Galleria Vittorio Emanuele; Metro: M 1, M 3/Duomo (b 2); Di–So 9–21 Uhr

ENOTECHE

La Cantina di Livio Pavese S. 113, F 11
Der Weintreff der Börsianer bei der Piazza Cordusio. Bei einem Glas Cortese oder Grignolina und einem der ausgezeichneten »panini« (beispielsweise mit Scampi und Rucola) lässt sich jede Aktienflaute gut verdauen.
Via Santa Maria Segreta 6; Metro: M 1/ Cordusio (b 2); 7–20 Uhr, Sa vormittags, So geschl.

Cotti S. 114, A 13
Wer bei Luigi Cotti nicht seinen bevorzugten Wein findet, kann das Suchen getrost aufgeben: 900 verschiedene Wein-, 200 Whisky- und mehr als 250 Grappasorten sind im Angebot.
Via Solferino 42; Metro: M 2/Moscova (b 2); tgl. 8–13 und 15–20, Mo nur 15–20 Uhr

Enoclub S. 119, D 22
Die Mailänder Niederlassung der »Ordine Nazionale Assaggiatore di Vino«. Abgesehen von einem exzellenten Weinangebot sind hier auch allerfeinstes Olivenöl und traumhafte Pasta im Angebot.
Via Friuli 15; Metro: M 3/Porta Romana (b 3); Di–Sa 8.30–13, 15.30–19.30 Uhr, So, Mo geschl.

N'ombra de vin S. 114, A 13
Wein, nichts als Wein – höchstens eine Grappa ist noch erlaubt, nur dann ist es eine wahre »Enoteca«. Unter diesem Motto führt Arnaldo Marini seine Enothek, eine der bekanntesten der Stadt.
Via San Marco 22; Metro: M 2/Lanza (b 2); Di–Sa 8.30–13, 16–19.30, Mo nur 16–19.30 Uhr

Einkaufen

Alta Moda, Feinkost und edle Designerstücke – Mailand ist ein Shopping-Paradies.

Der letzte Schliff für eine verwöhnte Kundschaft: In der eleganten Via della Spiga reihen sich die Nobelboutiquen aneinander. Sie begrenzt gemeinsam mit der Via Montenapoleone und der Via San Andrea das »Goldene Dreieck« der Mailänder Modeszene.

If I can make it there, I'll make it everywhere ...« – was Frank Sinatra hingebungsvoll über New York singt, gilt in der Welt des Designs, der Mode und Models für Mailand. Wer seinen Laden und seinen Showroom im »Goldenen Dreieck« (Via Montenapoleone, Via San Andrea, Via della Spiga) hat, wer hier über die Laufstege schreiten darf, der hat es geschafft.

Klar, dass sich auch die Preise der Exklusivität angepasst haben – und überhaupt: Wer kann sich schon Schuhe von Salvatore Ferragamo oder eine Brosche von Bulgari leisten? Doch sei es auch nur aus purer Lust an der Schönheit: Man sollte sich einen Schaufensterbummel durch das »Goldene Dreieck« nicht entgehen lassen. Denn zwischen Piazza della Scala, Piazza Cavour und Corso Monforte hat sich alles niedergelassen, was in der Modewelt Rang und Namen hat.

Was man erst morgen in den Modemagazinen bewundern kann, sieht man heute schon in den Showrooms in der Via Montenapoleone, Via Sant' Andrea, Via Santo Spirito oder der Via Bagutta. Doch man muss nicht Rockefeller sein, es gibt auch einige Straßen und Viertel, wo man preisgünstige Stücke erstehen kann: Corso Buenos Aires, Via Paolo Sarpi, Corso di Porta Ticinese, Corso Vittorio Emanuele oder im Brera-Viertel.

Es lohnt auch ein Besuch auf einem Markt. Am Dienstag und Samstag lasst sich an der Viale Papiniano (Metro: San Agostino) so manches Schnäppchen machen. Und wenn es unbedingt das Moschino-Kostüm sein muss: Auch die großen Designer veranstalten Schlussverkäufe. »Saldi« gibt es zweimal im Jahr: Der Winterschlussverkauf startet ab 7. Januar, der Sommerschlussverkauf ab 10. Juli.

Geöffnet sind die Läden meistens von 9 bis 19 Uhr; sie legen in der Mittagszeit eine dreistündige Pause ein – ausgenommen große Kaufhäuser, die am Abend meist bis 21 Uhr geöffnet haben. Am Montagvormittag sind bis auf die Lebensmittelläden alle Geschäfte geschlossen. Auch sonntags bleiben die Ladentüren zu. Wer spät in der Nacht noch einkaufen möchte: Im Hauptbahnhof gibt es »Supercentrale«, eine Art Supermarkt, der von 7.30 bis 24 Uhr geöffnet ist.

Vor dem Shopping-Marathon ist es hilfreich, sich beim Fremdenverkehrsamt (→ Auskunft, S. 99) den Faltplan »modamilano, vie della moda« mit den Einkaufszonen, Boutiquen und Designerläden zu besorgen. Das Fremdenverkehrsamt vermittelt auch professionelle Hilfe in Form eines »Personal Shopper«. Eine deutschsprachige Begleiterin zeigt die schönsten Geschäfte, die besten Outlets oder führt Sie zu Läden, die Sie interessieren (www.personalshoppermilano.com; Di–Sa; dreistündige Tour 180 €).

ANTIQUITÄTEN

Entlang der »navigli« (→ S. 58) findet an jedem letzten Sonntag des Monats der **Mercatone dell'Antiquariato**, ein großer Antiquitätenmarkt, statt.

De Nobili → S. 113, D 11

Bei Luigi De Nobili finden Sie hinreißend stilvolle Möbel.

Corso Magenta 30; Metro: M 1, M 2/Cadorna (b 2), Bus 18, Tram 24

Roberta e basta → S. 113, F 10

Interessante Stücke aus den Zwanziger- und Dreißigerjahren.

Via Fiori Chiari 2; www.robertaebasta.com; Metro: M 2/Moscova (b 2)

Tino Bellini → S. 113, F 10

Hier findet man Antiquitäten aus dem 16. und 17. Jh.

Via Madonnina 12; Metro: M 3/Montenapoleone (b 2)

BÜCHER

The American Bookstore → S. 113, F 11

Englischsprachige Literatur.

Largo Cairoli/Via Camperio; Metro: M 1/Cairoli (b 2)

La Borsa del Fumetto
→ S. 114, C 14
Für Fans der Comics (ital. »fumetti«).
Via Lecco 16; Metro: M 1/Porta Venezia (c 2)

Fashion Work Library Club
→ S. 116, D 17
Unzählige Bücher, Kataloge, Zeitschriften und Bildmaterial zum Thema Mode. Während der Modemessen Treffpunkt vieler »Fashionisti«.
Via Vigevano 35; Metro: M 2/Porta Genova (b 3)

Feltrinelli → S. 114, A 15
Auch fremdsprachige Literatur.
Piazza Duomo; www.feltrinelli.it; Metro: M 1, M 2/Duomo (b 2)

Hoepli → S. 114, B 15
Größte Buchhandlung Mailands. Hier finden Sie auch deutsche Literatur.
Via U. Hoepli 5 (bei der Kirche S. Fedele); www.hoepli.it; Metro: M 1/San Babila (b/c 2)

Libreria del Corso → S. 114, C 14
Riesige Auswahl an Literatur auf mehr als 1500 qm.
Corso Buenos Aires 49; Metro: M 1/ Lima (c 2)

Il Polifilo → S. 114, A 14
In diesem Antiquariat können Sie manches Schnäppchen aus aufgelösten Buchhandlungen machen.
Via Borgonuovo 3; Metro: M 3/Montenapoleone (b 2)

Rizzoli → S. 114, A 15
Verlagseigene Buchhandlung, auch Werke anderer Verlage im Angebot.
Galleria Vittorio Emanuele; Metro: M 1, M 3/Duomo (b 2)

Delikatessen

Die meisten Delikatessenläden sind in der Mittagszeit geschlossen.

Brambilla → S. 115, D 14
Frische Pasta vom Feinsten und die Krönung der Nudelversuchungen: »pasta al cacao« ...
Via Melzo 4; Metro: M 1/Porta Venezia (c 2)

Casa del Formaggio → S. 114, A 16
Nichts als Käse – und dabei nicht nur italienische Sorten, sondern auch Spezialitäten aus anderen Ländern. Mein persönlicher Favorit: »mozzarella di bufalo campane«, ein köstlicher Büffelmozzarella!
Via Spadari 9; Metro: M 1, M 3/Duomo (b 2)

In unmittelbarer Nachbarschaft zum Mailänder Dom kann man auf den sieben Etagen des Nobelkaufhauses La Rinascente (→ S. 30) ausgiebig der Shopping-Lust frönen.

Leoni → S. 114, B 15
Probieren Sie unbedingt das köstlich gefüllte Gemüse zum Mitnehmen!
Corso Venezia 7; Metro: M 1/San Babila (b/c 2); 12–15 Uhr geschl.

Peck → S. 114, A 16
Sagt man Delikatessen in Mailand, meint man gewöhnlich Peck, den ungekrönten Gastrokönig der Stadt. Allein schon der Blick in die wundervoll dekorierten Schaufenster lässt einem das Wasser im Mund zusammenlaufen. In Hauptgeschäft findet man auf 3300 qm und drei Etagen gastronomische Highlights. Allein in der Weinecke warten mehr als 5000 Spitzentropfen aus aller Herren Länder.

Weil so viel Leckeres auch gekostet sein will, gibt es zum Laden das Restaurant **Cracco-Peck** (Via Victor Hugo 4 → S. 114, A 16; Tel. 02 87 67 74, Fax 02 86 10 40; Metro: M 1, M 3/ Duomo; Mo–Sa 12.30–15 und 18–22 Uhr), ausgezeichnet mit zwei Michelin-Sternen, und die **Peck Italian Bar** (Via Cesare Cantù 3 → S. 114, A 16; Tel./Fax 0 28 69 30 17; Metro: M 1, M 3/Duomo; Mo–Sa 7.30–20.30) für den schnellen Snack. Angeschlossen ist die **Casa del Formaggio** (→ S. 28) mit einer reichen Käseauswahl. Wer will, kann die Köstlichkeiten auch online über das Internet ordern.
Via Spadari 9 (bei der Kirche S. Satiro); Tel. 02 80 23 16; www.peck.it; Metro: M 1, M 3/Duomo (b 2); Mo 15–19.30, Di–Sa 8.45–19.30 Uhr

Il Salumaio → S. 114, A 15
Feine Leckerbissen für den verwöhnten Gourmet: frische Pasta, vor allem traumhafte Ravioli …
Via Montenapoleone 12; Metro: M 3/ Montenapoleone (b 2)

Einrichtung

Alessi → S. 114, B 15
Italo-Design für den Hausgebrauch: Kaffeekannen, Salzstreuer etc.
Corso Matteotti 9; Metro: M 1/San Babila (b/c 2)

B & B Store → S. 114, B 16
Lampen, Möbel, Designerstücke, jede Menge Nützliches und Nutzloses, aber Hübsches für Haus und Haushalt.
Via Durini; Metro: M 1/San Babila (b/c 2)

Cassina → S. 114, B 15
Lieben Sie die Möbel von Le Corbusier? Dann sind Sie hier richtig.
Via Durini 18; Metro: M 1/San Babila (b/c 2)

Cittone Oggi → S. 114, A 15
Erlesene Einrichtungsgegenstände, Anfertigungen auch nach Maß.
Via Bigli; Metro: M 3/Montenapoleone (b 2)

D-MAIL → S. 114, A 15
Ein eigenartiger Laden, voller nützlicher Dinge für Garten, Küche und Haushalt. Kurz: eine wahre Fundgrube.
Via San Paolo 15; Tel. 02 86 98 41 10; www.dmail.it; Metro M 1, M 3/Duomo (b 2)

Flos → S. 114, B 15
Flos-Lampen sind legendär – hier gibt es die größte Auswahl.
Corso Monforte 9; Metro: M 1/San Babila (b/c 2)

Geschenke

Al Pascia → S. 113, F 12
Al Pascia besteht seit 1906 und bietet eine Riesenauswahl an Pfeifen; dazu Stopfer, Taschen, Ständer. Ein Highlight für jeden Pfeifenfreund!
Via Torino 61; E-Mail: info@alpascia.com; Metro: M 1, M 3/Duomo (b 2)

Armani Fiori → S. 114, A 14
Hier gibt es selbstverständlich keine gewöhnlichen Blumensträuße, sondern geradezu geniale Pflanzenbouquets aus Blüten und Gemüse.
Via A. Manzoni 31; Metro: M 3/Montenapoleone (b 2)

Art Bazar Museum Shop → S. 113, F 10
Imitationen aus diversen Museen der Welt, eine wahre Fundgrube.
Via Fiori Chiari 9; Metro: M 2/Lanza (b 2)

Controbuffet → S. 114, A 14
Außergewöhnliches und Ausgeflipptes für die Daheimgebliebenen.
Via Solferino 12; Metro: M 2/Moscova (b 2)

Lalique → S. 114, B 15
Alles, was das Zuhause schöner macht, von kleinen Kristallkunstwerken bis zu dekorativen Porzellanarbeiten.
Corso Matteotti 3; Metro: M 1/San Babila (b/c 2)

Picowa → S. 114, B 15
Die richtige Adresse, wenn Sie etwas Hübsches für Ihr Heim suchen. Kerzen, Dekoartikel, Zeitungsständer & Co.
Galleria San Babila 4/D; Metro: M 1/ San Babila (b/c 2)

Uniform → S. 114, B 15
Wenn's mal ein Mitbringsel für das Büro sein soll!
Corso Matteotti 14; Metro: M 1/ San Babila (b/c 2)

Kaufhäuser

Centro Commerciale Bonola → S. 108, westl. A 3
Einkaufszentrum mit insgesamt 66 Geschäften und Bars, günstigen Läden mit Wühlcharakter, Coop- und Upim-Kaufhaus. Etwas außerhalb gelegen, doch die Metro bringt Sie hin.
Via G. Quarenghi 23; Metro: M 1/Bonola (a 2), Bus 68, 85

La Rinascente → S. 114, A 15
Das Schickste unter den Kaufhäusern, gleich neben dem Dom.
Piazza Duomo; www.rinascente.it; Metro: M 1, M 3/Duomo (b 2); bis 22 Uhr geöffnet

Mondadori Multicenter → S. 112, A 12
Der größte Media-Store in Italien. Auf drei Etagen Bücher, Zeitschriften, Filme, Computerzubehör, Spiele, PC etc. Im zweiten Stock gibt es ein Internetcafé. Tipp: Hier können Sie auch Konzert- und Theatertickets kaufen.
Via Marghera 28; Metro: M 1/Wagner (a 2); Di–So 10–24, Mo 13–24 Uhr

Upim, Coin → S. 112, B 11
Kaufhausketten mit »Wühltischcharakter«.
Ebenfalls Filialen in der ganzen Stadt, z. B. Corso Vercelli 30; Metro: M 1/Pagano (b 2)

Kindermode

La Casa del bambino → S. 114, A 16
Kindermode für Bambini bis 14 Jahre auf zwei Stockwerken. Auch Designerlabel sind darunter.
Via Cesare Battisti 1; Metro: M 1, M 3/Duomo (b 2)

Diesel Kid Store → S. 114, B 15
Flotte Jeans- und Freizeitmode für die Kleinen. Die großen Diesel-Fans werden gleich daneben fündig.
Corso Venezia 11 (Kids) bzw. 7/1 (Erwachsene); Metro: M 1/San Babila (b/c 2)

Konditoreien

Biffi → S. 113, D 11
Ein Paradies für Leckermäuler!
Corso Magenta 87; Metro: M 1/Conciliazione (b 2)

Cova → S. 114, A 15
Eine der besten Pasticcerien Mailands.
Via Montenapoleone 8; Metro: M 3/ Montenapoleone (b 2)

Freni → S. 114, B 15
Zuckersüße Spezialitäten aus Sizilien, die schon optisch kleine Kunstwerke darstellen.
Corso Vittorio Emanuele 4; Metro: M 1/ San Babila (b/c 2)

Pattini e Marinoni → S. 114, A 14
Knackiges Brot und kleine süße Köstlichkeiten.
Via Solferino 5; Metro: M 2/Moscova (b 2)

Sant'Ambroeus → S. 114, B 15
Eine vorzügliche Konditorei, aber nichts für Schlankheitsbewusste!
Corso Matteotti 7; Metro: M 1/San Babila (b/c 2)

Die süßen Köstlichkeiten der Konditorei Sissi genießen bei Mailändern einen legendären Ruf. Bei schönem Wetter sitzt man in der lauschigen Laube im Garten.

Sissi S. 115, D 15
Italienische Spezialitäten, aber auch Sachertorten.
Piazza Risorgimento 6; Bus 54, 61

Leder und Pelze

Fendi S. 114, B 15
Die Fendi-Schwestern kreieren mit die schönsten und tragbarsten Stücke aus Pelz und Leder.
Via Sant'Andrea 16; Metro: M 3/Montenapoleone (b 2)

Pellegrini S. 114, B 15
Einen Pelzmantel aus dem Hause Pellegrini zu tragen gilt schon seit Jahrzehnten als besonderes Privileg.
Via Sant'Andrea 2; Metro: M 3/Montenapoleone (b 2)

Märkte

Antiquitätenmarkt S. 113, F 10
Jeden dritten Sonntag im Monat im Brera-Viertel. Vom Silberbesteck bis zu alten Möbeln.
Via Fiori Chiari; Metro: M 2/Moscova (b 2)

Fiera di Senigallia S. 117, F 17
Allerhand Trödel und Antiquitäten werden jeden Samstag nahe der Porta Ticinese feilgeboten.
Via Calatafimi; Bus 65, Tram 15

Münzmarkt S. 113, F 12
Münzen und Briefmarken, jeden Sonntagmorgen.
Via Armorari; Metro: M 1/Cordusio (b 2)

Piazza Mirabello S. 114, A 14
Buntes Markttreiben jeden Montag- und Donnerstagvormittag.
Bus 43

Viale Papiniano S. 113, D 12
Von neuen Schuhen über Küchengeräte bis zur deftigen Salami gibt es hier jeweils am Dienstag- und Samstagvormittag Nützliches und Unnützes.
Metro: M 2/Sant' Agostino (b 3)

Make-up

Diego Dalla Palma S. 113, F 10
Der berühmte Visagist hat im Herzen von Brera einen schicken Laden.

Via Madonnina 13-15; Metro: M 2/ Lanza (b 2)

Mode

Brioni S. 114, B 15
Des Ex-Kanzlers liebster Schneider. Klassische Eleganz für den modebewussten Herrn.
Via Gesù 3; Metro: M 1, M 3/Duomo (b 2)

Dimensione Danza S. 114, B 16
Sport-, Fitness- und Freizeitmode in großer Auswahl, vom Ballettröckchen bis zum Jazztanz-Outfit. Im Untergeschoss werden Tanzkurse oder Aerobic-Stunden angeboten.
Corso Europa 2; Tel. 02 76 00 40 20; Metro: M 1/San Babila (b/c 2); tgl. 10–19.30 Uhr, Mo vorm. geschl.

Eldorado Stock House S. 114, B 15
Inmitten der teuersten Läden findet man im Eldorado Designerstücke zu erschwinglichen Preisen. Die Modelle sind teilweise aus der letzten Saison – aber was soll's! Das Personal ist fremdsprachenbegabt – was nicht überall der Fall ist …
Via Montenapoleone 26; Metro: M 1/ San Babila (b/c 2)

Emporio Armani S. 114, B 15
Der Schwerpunkt liegt auf junger avantgardistischer Mode.
Via Durini 23; Metro: M 1/San Babila (b/c 2)

Etro S. 115, D 16
Wunderbare Designerstücke, nicht unbedingt brandneu, allerdings bis zu 50 % billiger.
Via Spartaco 3; Metro: M 1/San Babila (b/c 2)

Gianfranco Ferré S. 114, B 15
Hier gibt es die edlen Kreationen des Designers. Wer müde vom Shoppen ist: Im hinteren Teil seiner Boutique hat der Modeschöpfer ein Day-Spa eröffnet. Entspannungsmassagen, Hot Stone Therapy, Körperpeelings, Algenpackungen und Gesichtsbehandlungen werden dort angeboten.
Via Sant'Andrea 15; Tel. 02 76 01 75 26; Metro: M 3/Montenapoleone (b 2)

Guess S. 114, B 15
Seit Hilton-Tochter Paris Testimonial für Guess macht, ist das Label noch begehrter als zuvor. Die Auswahl reicht von Jeans bis zu Accessoires.

Mailand gehört neben Paris und London zu den wichtigsten internationalen Hochburgen der Modeszene. Alle großen Designer sind mit Showrooms in der Stadt vertreten.

Piazza San Babila 4; Metro: M 1/ San Babila (b/c 2)

Metro-Läden

Wer ausgeflippte, nicht allzu teure Mode liebt, sollte sich in den kleinen Läden in den Metrogängen im Zentrum umsehen. Witziges, Elegantes, Außergewöhnliches zu günstigen Preisen!

Metrostationen Centrale F.S., Duomo

Marina Rinaldi S. 114, C 14

Modische Stücke für die etwas »pfundigere« Frau.

Corso Buenos Aires 77; Metro: M 1/ Lima (c 2)

Miu' Miu' S. 114, B 15

Die etwas jüngere, flippigere und preiswertere Prada-Linie. Wer auf ausgefallene italienische Designermode steht, sollte unbedingt vorbeischauen!

Corso Venezia 3; www.miumiu.it; Metro: M 1/San Babila (b/c 2)

Parisi S. 114, B 14

Hier gibt es fast jede Designer-Marke. Die Verkäuferinnen sind nett, sehr hilfsbereit und kennen sich bestens aus. Fragen Sie ruhig nach Tipps für Ihr persönliches Styling!

Via Turati 3; Metro M 3/Turati (b 2)

Surplus S. 117, E 17

Blazer, Trenchcoats und vieles mehr – und alles aus zweiter Hand.

Corso di Porta Ticinese 101; Metro: M 2/ Porta Genova (b 3)

Tom Ford S. 114, A 15

Männermode von Feinsten auf fünf Stockwerken. Im Juni 2008 erfüllte sich Designer Tom Ford seinen Traum vom eigenen Laden in Mailand. Wer aus der Via Pietro Verri hereinkommt, läuft auf ein Werk des deutschen Künstlers Anselm Reyle zu. Das hat Ford bei Reyle selbst vor einigen Monaten in Auftrag gegeben, als er kurz in Berlin war. »Man soll nicht wie in anderen Läden gleich auf die Waren zulaufen«, sagt Ford, »man soll sich wie zu Hause fühlen.« Rechts im Erdgeschoss öffnet sich die Tür zu einer Mini-Parfümerie, in der Fords Angestellte Düfte individuell nach Wunsch der Kunden zusammenstellen. Ganz oben kann man einen leichten Lunch zu sich nehmen.

Via Verri 3; Metro: M 1, M 3/Duomo (b 2)

Vivienne Westwood S. 114, B 15

Der Paradiesvogel unter den Modedesignern hat eine Niederlassung in Mailand. Mode, wie es schräger wohl kaum noch geht! Der Blick hinein lohnt sich allemal.

Corso Venezia 25; www.viviennewestwood.com; Metro: M 1/San Babila (b/c 2)

ZAP! S. 114, A 15

Junge Mode, Dessous, Schuhe, Handtaschen, Schmuck – alles, was das Modeherz begehrt, auf zwei Etagen.

Galleria Passarella 2; Tel. 0 76 06 75 01; Metro M 1, M 3/Duomo (b 2)

Musik

Virgin Megastore S. 114, A 16

Musik satt in allen möglichen Stilrichtungen. Dazu DVDs und Videospiele, außerdem bekommt man hier Tickets für Konzerte in Mailand.

Piazza Duomo 8; Metro: M 1, M 3 Duomo (b 2)

Outlet Stores

Banfi Umschlagkarte hinten, b 3

Ricardo Banfi ist bekannt für seine qualitativ hochwertigen Schuhe, hier gibt's die Luxustreter günstiger.

Via Mons Pogliani 2, 20015 Parabiago; Tel. 03 31 55 13 35; Mo–Sa 8.30–12, 14.30–19 Uhr; Anfahrt: nach Parabiago über die Autobahn Mailand–Varese und die Ausfahrt Legnano; gelbe Schilder leiten ab Parabiago zum Fabrikverkauf

Dolce & Gabbana

Umschlagkarte hinten, b 3

Relativ aktuelles Angebot, ungleich günstiger: Hemden schon ab 50 €, Anzüge ab 400 €.

Pailsey-Zeichnungen, exotische Farbtöne, Anleihen bei historischen Kostümen. Das Modehaus Etro bringt Schwung in das Einerlei der Business-Kluft.

Via Rossini 70, Legnano; Tel. 03 31 54 58 88; Mo–Sa 10–13.30, 14.30–19 Uhr; Anfahrt: Autobahn westlich von Mailand Richtung Varese und Flughafen Malpensa bis zur Ausfahrt Legnano; in der Industriestadt kommt man zu einem Gewerbegebiet westlich des Zentrums; kleine Seitenstraße, kein Hinweis auf Dolce & Gabbana

Etro
S. 115, D 16

Bekannt für seine wunderbaren Stoffdrucke. Der Fabrikverkauf bietet im ersten Stock Hemden, Blusen, Pullover und Lederwaren, im Parterre gibt's Kostüme und Mäntel, und es wird bis zu 50 % Nachlass auf den Ladenpreis gewährt.

Via Spartaco; Tel. 02 55 02 02 18; Metro: M 1/San Babila (b/c 2); Mo 15–19, Di–Fr 10–13, 14.45–19, Sa 10–13 Uhr

Fratelli Rossetti
Umschlagkarte hinten, b 3

Super Auswahl an Damen- und Herrenschuhen. Freizeitschuhe für Herren gibt es ab etwa 90 €, elegantere Modelle kosten um die 100 €. Dazu noch eine kleine Auswahl an Lederjacken.

Via Cantu 24, Parabiago; Tel. 03 31 49 52; Mo 14–19, Di–Fr 9.30–12.30, 14–19, Sa 9.30–19 Uhr; abgelegen am Ortsrand von Parabiago, die Anfahrt ist aber beschildert

Katherine Hammett
Umschlagkarte hinten, d 4

Die britische Modemacherin bietet mit bis zu 30 % Abschlag ihre Kollektion der Vorsaison sowie Textilien mit kleinen Fehlern an. Außerdem gibt es bisweilen Schnäppchen aus der Ready-to-wear-Kollektion von J. P. Gaultier.

Via Grande 10, 20090 Caleppio di Settala; Tel. 0 28 05 66 72; Mo–Fr 10–19 Uhr; Anfahrt: östlich von Mailand über die P 39

MERIAN-Tipp

4 Schnäppchen-Adressen

Designer- und andere Topmode der Vorsaison zum halben Preis? Es gibt einige Adressen in Mailand, wo dies möglich ist. **Magazine Outlet:** Designerstücke vom Vorjahr zum halben Preis. Via Forcella 13, Metro: M 2/Porta Genova; Mo geschl. (S. 117, D 17); Metro: M 1/San Babila (b/c 2). **Salvagente:** Markenmode zu erschwinglichen Preisen; Krizia, Fendi, Valentino. Via Fratelli Bronzetti 16 (S. 115, E 15); Bus 60, 62. **Le Scarpe le Borse:** Schuhe und Taschen für Herren und Damen. Piazza Fidia 3; Tram 4, 11 (S. 109, F 3).

Porzellan und Keramik

Richard Ginori
S. 114, B 15

Porzellankreationen als Dekostücke oder für den täglichen Gebrauch.

Corso Matteotti 1; Metro: M 1/San Babila (b/c 2)

Schmuck

Buccellati
S. 114, A 15

Wer das Extravagante liebt, ist hier genau richtig.

Via Montenapoleone 12; Metro: M 3/ Montenapoleone (b 2)

Bulgari S. 114, B 15
Der Name dieses Edel-Juweliers spricht wohl für sich!
Via Sant'Andrea; Metro: M 3/Montenapoleone (b 2)

Faraone S. 114, A 15
Hier gibt es traumhafte Colliers.
Via Montenapoleone 7a; Metro: M 3/ Montenapoleone (b 2)

Pomellato S. 114, B 14
Das bevorzugte Schmucklabel der jungen, schicken Milanesi. Avantgardistisches Design, erträgliche Preise.
Via della Spiga 2; Metro: M 3/Montenapoleone (b 2)

Scavia S. 114, B 14
Feine Kostbarkeiten, handgefertigt.
Via della Spiga 9; Metro: M 3/Montenapoleone (b 2)

Schuhe

Salvatore Ferragamo S. 114, B 15
Der »Schuster« der Stars. Einer jener Spezialisten für die Art von Highheels, für die frau eigentlich einen Waffenschein bräuchte.
Via Montenapoleone 3; Metro: M 1/San Babila (b/c 2)

Tod's S. 114, B 14
Die berühmten Treter von Diego della Valle in allen erdenklichen Formen und Farben.
Via della Spiga 22; Metro: M 3/Montenapoleone (b 2)

La Vetrina di Beryl S. 113, F 9
Bei Barbara Beryl Villa gibt es fantastische Designerschuhe.
Via Statuto 4; Metro: M 2/Moscova (b 2)

Spielzeug

Argy S. 111, E 7
Ein großer Laden voller Kinderträume. Zahlreiche Spiele, Bücher, Geschenke.
Via Venini 91; Metro: M 2/Centrale (b 2)

Romagnoli S. 114, A 16
Puzzle, Püppchen, Plüschtiere – alles, was Kinderaugen zum Strahlen bringt.
Via Mazzini 10; Metro: M 1, M 3/Duomo (b 2)

Stoffe

Galtrucco S. 114, A 15
Riesenauswahl an Cashmere, Seide und Designerstoffen.
Piazza del Duomo 2; Metro: M 1, M 3/ Duomo (b 2)

Wäsche

Arimo-Beccaria S. 114, A 15
Die Arimo-Kette führt alles für untendrunter – für sie und ihn. Elegante Dessous, sportliche Unterwäsche.
Via Beccarla 4; Metro: M 1, M 3/Duomo (b 2)

Ars Rosa S. 114, B 15
Ein einziger Wäschetraum! Spitzen-Seide und auf Wunsch sogar Kaschmir-Unterwäsche.
Via Montenapoleone 8; Metro: M 1/ San Babila (b/c 2)

Wellness

Di Bi Center S. 113, F 11
Nach einer anstrengenden Shoppingtour können Sie sich in diesem Wellness- und Schönheitstempel in die Hände von Beauty-Experten begeben, die sich um Ihr Wohlbefinden kümmern.
Via Dante 4; Tel. 0 28 69 04 94; Metro: M 1/Cordusio (b 2)

Zeitungen und Zeitschriften

Feltrini S. 114, A 15
Zeitungen und Zeitschriften in vielen Sprachen.
Via A. Manzoni 1; Metro: M 3/Montenapoleone (b 2)

Marco S. 114, B 15
Große Auswahl an italienischen, aber auch deutschsprachigen Blättern und Magazinen.
Galleria Passarella 2 (am Corso Europa); Metro: M 1/San Babila (b/c 2)

Am Abend

Der Tag gehört der Arbeit, den Bilanzen, dem grauen Flanell und der Abend dem Vergnügen!

Hier ist alles Eis, was glänzt: In der Absolute Ice Bar schlürft man seine Drinks bei Temperaturen von minus 5 Grad, Gäste werden mit Handschuhen und Mützen ausgestattet.

Der Anzug weicht Designerjeans, das Kostüm dem kleinen Schwarzen, und los geht es: Zuerst ein mehrgängiges Menü, dann strömen Vergnügungssüchtige in eines der unzähligen Abendlokale. Sehen und gesehen werden heißt das Motto in »Milano by night«, denn schließlich wollen sich all die Models, Manager, Medien- und Werbeleute auch amüsieren.

Mit ein wenig Glück lässt sich in einer der Edeldiscos ein Blick auf Eva Herzigova und Kolleginnen oder sogar auf Caroline von Monaco erhaschen. Wem der Sinn allerdings nicht nach Diskotheken und lauter moderner Musik steht, der kann in einer Bar seinen Drink auch bei Jazzmusik genießen oder einem unterhaltsamen Kabarettprogramm folgen.

»Finiremo in quel'caffè di Porta Ticinese ...« Nicht nur Rocksängerin und Wahlmailänderin Gianna Nannini amüsiert sich des Abends gerne in den Lokalen entlang der Navigli. An den Kanälen hat sich ein reges Nachtleben entwickelt, in den kleinen Restaurants an den Ufern kann man im Sommer wunderbar romantisch sitzen – und vergessen, dass man sich in einer Großstadt befindet ...

Und wenn dann spät in der Nacht noch der Magen knurrt? Kein Problem, für Nachtschwärmer gibt es immer und überall noch etwas zu essen. Sogar bis 4 Uhr morgens können Sie etwa bei Alfredo in der Via Borghese 14 oder bei Bebop, Via Col di Lana 4, noch etwas Feines bekommen. Es sei denn, es ist Sonntag! Oder wie wäre es mit einer mitternächtlichen »spaghettata«? Late-Night-Nudeln nach einem langen Abend zu Hause oder bei Freunden sind eine gute Mailänder Tradition, die inzwischen auch schon die eine oder andere Diskothek aufgegriffen hat: Ab Mitternacht wird dann in den betreffenden Lokalen auf Plastiktellern gratis Pasta herumgereicht.

Aber auch der Kulturhunger wird selbstverständlich gestillt – sei es mit einem unvergesslichen Abend in der weltberühmten **Scala** oder einer mitreißenden Inszenierung im **Piccolo Teatro**. Einen guten Überblick über das kulturelle Angebot der Woche können Sie sich in den Beilagen des »Corriere della Sera« und der »Repubblica«, die jeweils mittwochs und donnerstags erscheinen, verschaffen.

Bars, Kneipen, Lokale

Absolute Ice Bar ⇢ S. 113, D 4
Wer in diese Bar kommt, sollte sich warm anziehen. Im wahrsten Sinne des Wortes, denn die Temperatur liegt bei minus 5 Grad, alles ist aus Eis: Tische, Sitze Gläser, in denen es zum Aufwärmen Wodka gibt.
Piazza Gerusalemme 12; Tram 1, 29; tgl. 18–24 Uhr

L'Acerba ⇢ S. 118, B 21
Der Tipp für Gesundheitsfreaks: vegetarische Kost, alkoholfreie Getränke.
Via Orti 4; Metro: M 3/Crocetta (b 3), Tram 29, 30; tgl. außer Mo

Bar Margherita ⇢ S. 113, F 9
Aus 40 Grappa- und Whiskysorten können Sie hier Ihren hochprozentigen Drink aussuchen; am Abend wird Jazz live dazu geboten.
Via della Moscova 25; Metro: M 2/Moscova (b 2); Mo–Sa 12–2 Uhr, So geschl.

Café-L'Atlantique ⇢ S. 115, E 16
Die »In«-Bar in Mailand.
Viale Umbria 42; Tram: 12, 27; Di–So 11–2 Uhr

Cicip e Ciciap ⇢ S. 113, F 12
Ein Lokal nur für Frauen. Auf türkischen Diwanen wird bei einem kühlen Drink geplaudert.
Via Gorani 9; Metro: M 2/Moscova (b 2)

Giamaica ⇢ S. 114, A 14
Einst ein berühmter Künstler- und Journalistentreff, ist dieses Lokal immer noch eine gute Adresse.
Via Brera 32; Metro: M 3/Turati (b 2); tgl. außer So

Portnoy Café Letterario → S. 113, E 12
Poeten und Literaten debattieren, Liedermacher stellen ihre Songs vor.
Via E. de Amicis 1/Ecke Porta Ticinese; Metro: M 2/S. Ambrogio (b 2), Tram 8, 19; Mo–Sa 19–2 Uhr, So geschl.

Al Teatro → S. 113, F 10
Der richtige Treff nach dem Besuch des Teatro Studio Fossati. Ein Hauch von Bohème, abends Black Music.
Corso Garibaldi 16; Metro: M 2/Moscova (b 2), Bus 61; Di–So 19–2 Uhr, Mo geschl.

Volo → S. 118, A 22
Das erste Feng-Shui-Nachtlokal. Zu den Stammgästen gehören Tom Ford und das Gucci-Team. Restaurant, Treffpunkt, im Sommer gibt's Cocktails im jahrhundertealten Garten.
Viale Beatrice d'Este, Ecke Via Patellani; Metro: M 3/Porta Romana (b 3); Di–So 18–2 Uhr

Diskotheken

Alcatraz → S. 109, F 3
Kabarett, Disco, Location für Modenschau (etwas außerhalb).
Via Valtellina 21; Metro: M 3/Maciachini (b 1), dann Bus 70

American Disaster → S. 110, C 8
Eine Mischung aus Disco und Piano-Bar, sonntags Travestie-Show.
Via Boscovich 48; Metro: M 1/Lima (c 2), Tram 1, 2; Do–Sa 22–3 Uhr

Casablanca → S. 110, A 8
Drei Räume, eine Disco, ein Restaurant, eine Bar und ein Raum für Livemusik, alles eingerichtet im Stil von Ludwig XVI. Wochenends richtig voll.
Corso Como 14; Metro: M 2/Garibaldi (b 2), Tram 11; tgl. 21–3 Uhr, Mo geschl.

Good Mood → S. 114, B 14
Teilweise Livemusik, gehobene Preisklasse. Ziehen Sie Ihr bestes Stück an, denn der Türsteher des »Good Mood« ist bekanntermaßen streng.
Via Turati 29; Metro: M 3/Turati (b 2); Di–So 21–2.30 Uhr, Mo geschl.

MERIAN-Tipp

5 Scimmie

An den Ufern des Naviglio Pavese hat sich ein reges Nachtleben entwickelt: Kneipen, Restaurants und Bars entlang des Kanalufers laden zum Bummeln und Genießen ein. Ein besonders beliebter Treff für den Abend ist das Scimmie, halb Kneipe, halb Restaurant. Wunderschön romantisch kann man – soweit es das Wetter erlaubt – an Tischen auf einem ankernden Lastkahn sitzen. Jeden Abend treten verschiedene Bands und Künstler mit einem erstklassigen Programm auf.

Via Ascania Sforza 49; Metro: M 2/Porta Genova (b 3), Bus 59, Tram 15; tgl. außer Di 20–2 Uhr → S. 117, E 20

Hollywood → S. 110, A 8
Ab Mitternacht entspannen sich hier Manager und Werbeleute vom anstrengenden Arbeitstag.
Corso Como 15; Metro: M 2/Garibaldi (b 2), Tram 11; tgl. 21–3 Uhr, Mo geschl.

Nephenta → S. 114, A 16
Diskotheken und Trends kommen und gehen, das Nephenta bleibt in – und das schon seit 25 Jahren. Sylvester Stallone, Eric Clapton, Niki Lauda waren schon hier und genossen die Privatklub-Atmosphäre des Nephenta. Ausgezeichnet speisen kann man von 21 Uhr bis Mitternacht.
Piazza Diaz 1; Metro: M 1, M 3/Duomo (b 2); Mo–Sa 21–3 Uhr, So geschl.

Nuova Idea → S. 110, A 8
Die wohl größte schwule Diskothek.
Via G. de Castillia 30; Metro: M 2/Gioia (b 2), Bus 43; Mo, Di und Mi geschl.

Plastic → S. 115, E 16
Die In-Disco der Avantgarde-Szene, vorwiegend Acid und Rap-Musik.
Viale Umbria 120; Metro: M 3/Lodi (b 3), Bus 92, Tram 23; Di–So 21–3 Uhr, Mo geschl.

Rolling Stone S. 115, D 16
Riesendisco mit Projektionsflächen und Multimedia-Optionen. Dienstags ist »Mitsing-Abend«. Eine Band spielt italienische Hits, auf den Leinwänden erscheinen die Texte dazu.
Corso XXII Marzo 32; Bus 62, Tram 12, 30; So, Mo geschl.

Time S. 119, E 23
Megadisco mit gemischtem Publikum, nicht teuer.
Via Tullo Massarani 6; Metro: M 3/Lodi (b 3); Do–So 22.30–2 Uhr

Kinos
Erstaufführungen werden in den Kinos **Ambasciatori, Gloria, Excelsior** und **Cinema Odeon** rund um den Corso Vittorio Emanuele gezeigt.

De Amicis S. 113, E 12
Hollywood steht ebenso wie ausländische Filme auf dem Programm.
Via E. de Amicis 34/A; Metro: M 2/Sant'Ambrogio (b 3)

Angelicum S. 114, A 13/14
Alle Filme werden in Originalsprache gezeigt.
Piazza Sant'Angelo 2; Metro: M 2/Moscova (b 2), Bus 43; Vorstellungen nur Mi–So

Cineteca Museo S. 114, B 14
Anspruchsvolles Kino.
Cinema Palazzo Dugnani; Via Manin 2/a; Metro: M 3/Turati (b 2)

Nuovo Arti Casadisney S. 114, C 15
Das Eldorado für jeden Fan von Dagobert und Mickey Mouse.
Via Mascagni 8; Metro: M 1/San Babila (b/c 2), Bus 54, 61

Konzerte
Angelicum S. 114, A 13/14
Städtisches Konzerthaus mit eigenem Symphonieorchester.
Piazza Sant'Angelo; Metro: M 2/Moscova (b 2), Bus 43

Civica Scuola di Musica S. 109, D 3
Städtische Musikschule, mit Musik zeitgenössischer Strömungen.
Via Stilicone 36; Bus 78

Conservatorio di Musica Giuseppe Verdi S. 114, C 15
Hier kann man musikalische Nachmittage im einstigen Kloster genießen.
Via Conservatorio 12; Tel. 0 27 62 11 01; www.conservatorio-milano.com; Metro: M 1/San Babila (b/c 2), Bus 54, 61

Musica e Poesia a San Maurizio S. 113, E 11
Freunde alter und barocker Musik werden von dieser Kirche begeistert sein.
Chiesa San Maurizio; Corso Magenta; Bus 50, 54, Tram 18, 24; Tickets im A. P. T.

Musiklokale
Café du Bateau S. 117, D 17
Jeden Abend Theater, Kabarett oder Karaoke – am Darsena-Landungssteg.
Piazzale A. Cantore; Metro: M 2/Porta Genova (b 3), Tram 8, 19; im Winter und Mi geschl.

Calimerius S. 118, A 21
Hier können Sie erstklassige Snacks in eleganter Atmosphäre und bei Livemusik genießen.
Via San Calimero 3; Metro: M 3/Crocetta (b 3), Tram 24; Mo–Sa 18–3 Uhr, So geschl.

Capolinea S. 117, D 18
Seit 1969 hört man hier Jazz vom Feinsten. Jeden Abend gibt es Jazz-Livemusik, die Küche serviert Hausmannskost dazu. In den Sommermonaten kann man die heißen Nächte im Garten verbringen.
Via Lodovico il Moro 119 (am Naviglio Grande); Tram 19; tgl. außer Mo

Caffè Teatro Nobel S. 117, E 19
Jazz, Theater, Kabarett und Showdarbietungen. Zur Livemusik kann auch getanzt werden.
Via Ascanio Sforza 81; Metro: M 2/Romolo (b 3), Bus 59; tgl. 21–2 Uhr, Di geschl.

Das Piccolo Teatro, nach dem Zweiten Weltkrieg von Giorgio Strehler und Paolo Grassi gegründet, gehört heute zu den großen Bühnen Europas. Gespielt wird an drei Stätten.

Club Due ⇢ S. 113, F 10
Eines der bekanntesten Lokale im Brera-Viertel: Jazz und Blues bei Cocktails und Prosecco.
Via Marco Formentini 2 (bei der Via Fiori Chiari); Metro: M 2/Moscova (b 2)

Momus ⇢ S. 113, F 10
Unterhaltung der Extraklasse mit einer Sängerin und einem Pianisten – ebenso top sind auch die Preise. Das »Momus« ist allabendlich sehr gut besucht, daher unbedingt vorbestellen!
Via Fiori Chiari 8; Tel. 0 28 05 17 62; Metro: M 2/Moscova (b 2); Mo–Sa 20–2 Uhr, So geschl.

Ponte di Brera ⇢ S. 114, A 14
Eine von Mailands ältesten und traditionsreichsten Piano-Bars, direkt über der Bar »Giamaica«.
Via Brera 32; Metro: M 2/Moscova (b 2); tgl. außer So

Tangram ⇢ S. 117, F 19
Rock, Jazz und Funk.
Via G. Pezzotti 52; Tram 15; Mo–Sa 21–2 Uhr, So geschl.

Zelig ⇢ S. 111, E 8
Angenehme Bar mit Livemusik und hervorragendem Kabarett- und Satireprogramm.
Viale Monza 140; Metro: M 1, M 2/Loreto (c 2); Di–So 21–2 Uhr, Mo geschl.

NIGHTCLUBS

Armani Privè ⇢ S. 114, A 14
Eigentlich ist das Privè, eingerichtet im Armani-Stil, ein Privatclub eingeschriebener VIP-Mitglieder, in den man nur schwer reinkommt. Wer einen Blick hineinwerfen möchte, sollte vorher im Luxusrestaurant **Nobu** essen (Armani-Restaurant im selben Gebäude). Danach wird man unter Umständen und mit der richtigen Kleidung auch in den Club eingelassen.
Via Gastone Pisoni 1; Metro: M 3/Montenapoleone (b 2)

Cafeolè Club ⇢ S. 117, südl. D 20
Disco-Pub in der Navigli-Gegend mit Acid-Jazz und Stripshows, auch ein beliebter Homosexuellen-Treff.
Via della Chiesa Rossa 69; Metro: M 2/Porta Genova (b 3); tgl. 21–4 Uhr

El Marocco S. 114, A 16
Striptease und Ballett bis 4 Uhr früh.
Via F. Baracchini 1 (bei der Piazza Diaz); Metro: M 3/Missori (b 3); tgl. außer So

La Porta d' Oro S. 114, A 16
Für Liebhaber der französischen Revue – bis 4 Uhr morgens.
Piazza Diaz; Metro: M 1, M 3/Duomo (b 2); tgl. bis 4 Uhr morgens

Oper

Teatro alla Scala S. 114, A 15
Wer Oper sagt, der meint in Mailand natürlich die Scala mit ihrer exzellenten Akustik (→ S. 64). Seit dem Jahr 1778 ist dieses Theater, das mehr als 3000 Zuschauer fasst, der Ort stimmgewaltiger Auftritte. Es kamen, sangen und spielten Caruso, Gigli, Tebaldi, Tomagno – und natürlich Maria Callas. Seit 1968 steht auch zeitgenössische Musik auf dem Spielplan. Nach fast dreijähriger Rekonstruktion fand Ende 2004 die feierliche Wiedereröffnung der Mailänder Scala unter ihrem ehemaligen Intendanten Riccardo Muti mit Antonio Salieris Oper »Europa riconosciuta« statt. Die Saison beginnt stets am 7. Dezember mit einem Stelldichein der Reichen und Schönen des Landes und dauert bis Juli. Von September bis November spielt dann das Symphonieorchester. Last-Minute-Tickets gibt es ab 12 Uhr für Vorstellungen am gleichen Abend 50 % billiger!
Piazza della Scala 1; Metro: M 1, M 3/Duomo (b 2); Tickets: Biglietteria Teatro alla Scala (c/o Urban Center Galleria Vittorio Emanuele II 11/12); tgl. 12–18 Uhr; Info-Tel. 02 72 00 37 44 (9–18 Uhr); Reservierungen: Tel. 02 86 07 87; www.teatroallascala.it (mit Spielplan und Online-Bestellung); im Aug. geschl.

Theater

CRT S. 117, südl. D 20
Ein Besuch lohnt sich für Freunde avantgardistischer Theatergruppen; leider etwas außerhalb gelegen.
Via U. Dini 7; Tel. 02 86 19 01; Tram 15

Dell' Elfo S. 115, D 14
Interessante Inszenierungen in einem ehemaligen Kino.
Via Ciro Menotti 11; Tel. 02 71 67 91; Bus 60, Tram 23

Il Lirico S. 114, A 16
Eines der größten Theater der Lombardei, unbedingt vorbestellen.
Via Rastrelli 6 (bei der Piazza Diaz); Tel. 02 86 46 48 23; Metro: M 1, M 3/Duomo (b 2)

Manzoni S. 114, B 14
Eines der klassischen Theater Mailands. Ausgezeichnete Aufführungen.
Via A. Manzoni 42; Tel. 0 27 63 69 01; www.teatromanzoni.it; Metro: M 3/Montenapoleone (b 2)

Nazionale S. 112, B 11
Oft gute Ballettvorstellungen.
Piazza Piemonte 12; Tel. 02 48 00 77 00; www.teatronazionale.com; Metro: M 1/Wagner (a 2), Bus 50, 54

Out Off S. 108, B 2
Kleines Theater mit avantgardistischem Programm.
Via G. Dupré 4 (bei der Kirche S. Gaetano); Tel. 02 39 26 22 82; Tram 1, 12

Piccolo Teatro S. 113, F 11
Am 14. Mai 1947 begann im Piccolo Teatro – mit einem Stück von Maxim Gorki – eine neue Kulturära für die lombardische Hauptstadt: Das Piccolo Teatro war das erste Theater für das gemeine Volk, nicht nur für die Privilegierten. Eine Aufführung in dem international bekannten Haus ist auch heute noch ein unvergleichlicher Theatergenuss. Die Spielzeit dauert von Oktober bis Juni.
Via Rovello 2; Tel. 02 42 41 18 89; www.piccoloteatro.org; Metro: M 1/Cordusio (b 2)

Piccolo Teatro Studio S. 113, F 10
Studiobühne des »Piccolo«.
Via Rivoli 6; Tel. 02 42 41 18 89; www.piccoloteatro.org; Metro: M 2/Lanza (b 2)

Feste und Events

Modemesse, Trödelmarkt und Karneval – für Programm ist laufend gesorgt.

Modemesse ist zweimal im Jahr – in diesen Tagen wird die ganze Stadt zum Laufsteg, und es wimmelt von Models, Modemachern, Fashionjournalisten und -victims.

Cara mia, war die Gucci-Show nicht göttlich!« – »Also, ich fand die von Dolce & Gabbana ja um Klassen besser!«, zweimal im Jahr, im Frühjahr und Herbst, während der **Fashionshows**, dreht sich in Mailand alles um die Mode. Aber wirklich alles. Es gibt nur ein einziges Gesprächsthema, die Stadt wimmelt von Models, Fashion-Journalisten und Modemachern.

Alles Pappnasen? Auch davon gibt es tatsächlich jede Menge in Mailand und zwar noch weit über **Karneval** hinaus. Hier geht es an Aschermittwoch nämlich erst richtig los. Der längste Karneval der Welt wird vom Sonntag bis zum »sabato grasso«, dem fetten Samstag danach, gefeiert. Die ganze Stadt steht dann im Zeichen des närrischen Treibens. Es wird getrunken, gefeiert, gegessen und gelacht. Umzüge mit geschmückten Wagen und verkleidete Menschengruppen bevölkern die Straßen, und anschließend versammelt man sich auf dem Domplatz.

Wesentlich ernster geht es auf dem mehr als 380 000 qm großen Mailänder **Messegelände** zu. Dort treffen sich alljährlich mehr als 40 000 Aussteller und 3,5 Mio. Besucher. Von den Modemessen über die Natur- und Kräutermesse bis hin zur europäischen Drink-Messe gibt es kaum einen Tag ohne Messe in der lombardischen Metropole.

Unbedingt vormerken sollten Sie sich den letzten Sonntag jeden Monats (außer Juli und August). Dann findet an den Ufern der »navigli« der »Mercatone dell'antiquariato«, ein malerischer **Antiquitätenmarkt**, mit einem gewaltigen Angebot statt, auf dem sich noch so manches Schnäppchen finden lässt. Es macht aber auch Spaß, einfach nur durch die Stände zu bummeln und sich die teilweise sehr originellen Stücke und Gesichter anzusehen.

Jede Menge Kunst gibt es auch im April während der **Kunstausstellung** »Mostra di pittura l'arte al cielo aperto« in der Via Bagutta zu bewundern. Am ersten Sonntag im Juni steigt ebenfalls an den Navigli das große **Kanalfest**. Dann versammeln sich die Einheimischen des gesamten Viertels. Es gibt zahlreiche Verkaufsstände, Straßenkünstler, volkstümliche Aufführungen und Spezialitäten. Daneben werden ausgesprochen kuriose Sportwettkämpfe ausgetragen. Der berühmteste ist ein Wettschwimmen mit Schwimmflossen.

In den Sommermonaten brummt die Stadt. Zwischen Juni und September werden unzählige Filmfestivals, Rockkonzerte, Jazzsessions, Theateraufführungen und internationale **Musikfestivals** veranstaltet. Unter dem Motto »Ferien in Mailand« ist auch für Besucher jede Menge geboten. Das Programm ist von Jahr zu Jahr verschieden und wird immer kompakter. Informationen darüber gibt es im Servicecenter in der Galleria Vittorio Emanuele. Auch für Konzerte ist Mailand ein heißes Pflaster. Viele internationale Künstler, die nach Europa kommen, machen zuerst einmal in Mailand Station.

Im Winter fiebern die Milanesen dem **»O Bej O Bej«-Fest** entgegen. Seit dem Jahr 1866 wird das bunte Stadtfest vom 5. bis zum 8. Dezember auf der Piazza Sant'Ambrogio abgehalten. Der Legende zufolge leitet sich der Name von den Freudenschreien »Oh che bello!« – Oh wie schön! – der Kinder ab, die von den Jongleuren und den Ständen mit Süßwaren und Spielzeug hellaut begeistert waren.

Januar

Corteo dei Re Magi

Historischer Umzug der Heiligen Drei Könige am 6. Januar.

Vom Domplatz zur Kirche Sant'Eustorgio

Februar

Carnevale Ambrosiano

Den ganzen Februar über wird der Fasching gefeiert.

La moda a Milano
Dies ist die Zeit der großen Frühjahrs-Modenschauen.
Messegelände

B.I.T.
Ende Februar findet die internationale Tourismusbörse statt.
Messegelände

März

Konzertreihe für Orgelmusik
In den Kirchen San Simpliciano und San Maurizio ertönen festliche Orgelklänge.

April

Mostra di pittura »l' arte al cielo aperto«
Malerischer Kunstmarkt.
Mitte April in der Via Bagutta

Mai

Festival internazionale »Città di Milano«
Ganz Mailand im Jazzfieber.
www.milanoinfotourist.com

Sarga del Carroccio
Umzug in historischen Kostümen.
Letzter Sonntag im Mai

Juni

Festa dei Navigli
Fest rund um die Navigli und die Darsena mit Musik und Unterhaltung.
Jeden ersten Sonntag im Juni

Juli

Milano estate
»Sommer in Mailand« mit Theater, Tanz und anderen kulturellen Veranstaltungen.
www.milanoinfotourist.com

August

Vacanze a Milano
Während in allen anderen Städten mit Ferragosto die Stille regiert, legt Mailand mit vielen Veranstaltungen unter dem Motto »Ferien in Mailand« los.
www.milanoinfotourist.com

MERIAN-Tipp

6 Sagra di San Cristoforo

An diesem Tag erteilt der Schutzheilige von Fahrzeugen und Fahrern der Stadt seinen Segen. Auf der malerischen Piazza vor der San-Cristoforo-Kirche geht es hoch her: Buden, Ausstellungen, die Balkone sind festlich beleuchtet und geschmückt. Am späten Abend findet eine bunte Prozession auf dem Naviglio Grande statt.

Dritter Sonntag im Juni

→ S. 116, AB 18

September

La moda a Milano
Die Straßen von Mailand stehen wieder ganz im Zeichen der Mode.
Messegelände

Oktober

Sagra del Tartufo
Zur »Kirmes des Trüffels« findet in der Via Ripamonti (Metro: M 3/Crocetta, Tram 24) ein Wettlauf statt.

November

Premio letterario Bagutta
Einer der wichtigsten italienischen Literaturpreise wird verliehen.
Ristorante Bagutta, Via Bagutta 14

Dezember

Festa di San Ambrogio
Der Stadtpatron wird mit Prozessionen, Messen und Märkten gefeiert.
7. Dezember

Eröffnung der Opernsaison
Am 7. Dezember fällt der Startschuss für die Scala.

Fiera O Bej, O Bej
Ebenfalls am 7. Dezember beginnt der große Trödelmarkt auf der Piazza Sant'Ambrogio: alte Stiche, heiße Maroni, süße Krapfen ... Das pittoreske Fest zu Ehren des Mailänder Schutzpatrons geht zurück auf das Jahr 1288.

Familientipps – Hits für Kids

Versace & Co. werden Ihre Kinder kalt lassen, doch es gibt Freizeitparks, Museen und grüne Oasen.

Die ausgedehnten Parkanlagen der Giardini Pubblici (› MERIAN-Tipp, S. 46) sind eine willkommene Alternative zum Bummel in der Großstadthektik. Große Grünflächen, Spielplätze, kleinere Fahrgeschäfte und zahlreiche Kioske sorgen für Abwechslung.

Die Kleinen sind zwar für die Italiener die Größten, doch für die »bambini« ist ein Ausflug nach Mailand bei Weitem nicht so verlockend wie für Erwachsene. Um den Nachwuchs beim Bummel durch die Einkaufsstadt bei Laune zu halten, empfiehlt sich ein Abstecher in einen der vielen **Spielzeugläden**, wo die Kleinen nach Herzenslust die italienische Spielzeugwelt erforschen können.

Essen gehen ist in Italien weniger problematisch als in Deutschland. Wenn das Kind etwa quengelt und weint, wird es selbst im Toplokal keineswegs mit bitterbösen Blicken durchbohrt, sondern getröstet und unterhalten. Auch wenn Sie Kinderportionen bestellen oder einen halben Teller Spaghetti, wird Ihnen jeder Kellner gerne das Gewünschte servieren. Viele Restaurants bieten bereits Kindermenüs an.

Marionettentheater, Puppenspiele: Mailand bietet auch in kultureller Hinsicht für die kleinen Gäste ein reichhaltiges Programm. Über aktuelle Vorstellungen und Veranstaltungen können Sie sich in der Comune di Milano, Galleria Vittorio Emanuele (Mo–Sa 8–20 Uhr), informieren. Oder haben Ihre Sprösslinge etwa im Zeitalter der Computer keine Lust mehr auf Puppen? Wie wäre es mit einem **Fernsehkurs**? Die Giocoteca del Parco bietet Kindern im Alter von sieben bis zehn Jahren Kurse zur »educazione in TV« an. Mit der Telekamera können die Kleinen dort ihr eigenes Programm gestalten (die Kurse sind allerdings nicht gerade billig, inkl. Material müssen Sie mit rund 150 € rechnen).

Oder ein Ausflug ins Grüne: stadtmüde? Dann auf in den **Parco Valle del Ticino**, in den ersten Flusspark Italiens, der sich über insgesamt mehr als 90 000 ha erstreckt. Mit dem Rad oder zu Fuß kann man durch die herrliche Landschaft streunen, Wildschweine und Wasservögel beobachten und die frische Luft schnuppern.

MERIAN-Tipp

7 Giardini Pubblici

Meist dauert es nicht allzu lange, bis Kinder von verlockenden Schaufenstern, vom Bummeln und Einkaufen genug haben. Dann gehen Sie mit dem Nachwuchs am besten in die Giardini Pubblici. In diesem größten Mailänder Park kann man in Karussell und Eisenbahn fahren, in einem kleinen Zoo die Tiere bestaunen und sich in der Milch- und Joghurtbar »Bianco« Erfrischungen schmecken lassen.

Via Palestro/Bastioni di Porta Venezia; Metro: M 1/Porta Venezia (c 2); tgl. 7–23 Uhr (im Sommer) bzw. 6.30–16.30 Uhr (im Winter)

→ S. 114, B 14

Die Anfahrt zum Parco Valle del Ticino ist ab Novara, Pavia, Vigevano ausgeschildert.

Wenn Sie in Begleitung Ihrer Kinder die Kulturdenkmäler anschauen möchten, hilft häufig nur noch eines: Bestechung. Für ein großes Eis wird eine Kirchenbesichtigung schon mal in Kauf genommen. Abwechslung bieten auch die **Giardini Pubblici**, die öffentlichen Gärten mitten in der Stadt. Nach einer Runde auf der kleinen Eisenbahn sollte auch der größte Quälgeist wieder eine bessere Laune bekommen. Und wenn Sie wirklich mal in aller Ruhe durch die Straßen der lombardischen Metropole bummeln möchten, dann hilft der Babysitter-Service: Hier können Sie Betreuungspersonen für Ihren Nachwuchs buchen.

Cartoomics → S. 112, B 9

Wer Anfang März mit Kids in Mailand ist, sollte einen Besuch auf der Cartoomics einplanen. Dort werden die neuesten und spannendsten Comics und Videospiele gezeigt.

Messegelände; Info-Tel. 0 24 81 55 41

Centro Baby-Sitter → S. 112, B 11
Via Buonarroti 19; Tel. 02 43 30 91; Metro: M 1/Buonarroti (a 2)

Cinema Eliseo → S. 113, F 12
Nachmittagskino für Kinder und Jugendliche.
Via Torino 46; Metro: M 1, M 3/Duomo (b 2), Tram 8

Dromokart → S. 116, südwestl. A 20
Früh übt sich, was ein Schumi werden will; in Buccinasco, etwas außerhalb der Stadt, gibt es eine Kartbahn mit einer 420 m langen Strecke.
Via Emilia 10, Buccinasco; Mo geschl.

Fochi Models → S. 114, B 15
Die schnellen Straßenflitzer im handlichen Kleinformat: ein Spezialladen für Automodelle.
Via Durini 5; Metro: M 1/San Babila (b/c 2)

Giocoteca del Parco Sempione di Milano → S. 113, E 10
Spielen (fast) ohne Grenzen im Parco Sempione.
Viale Cervantes; Tel. 02 31 57 33; Metro: M 1/Cadorna (b 2)

Jolly Old Toys → S. 112, B 11
Antikes Spielzeug und Puppen.
Corso Vercelli 2; Metro: M 1/Wagner (a 2)

Lido di Milano → S. 112, westl. A 9
Jede Menge Spielgeräte, Minigolf und in den Sommermonaten ein riesiges Freibad laden zum Rumtoben ein.
Piazzale Lotto 15; Metro: M 1/Lotto (a 2)

Luna Park Varesine → S. 112, A 9
Ein kleines Vergnügungsparadies mit Karussell, Riesenrad und Autoscooter. Für einen vergnüglichen Nachmittag, nicht nur für Kinder.
Viale ex Varesine

Minitalia → Umschlagkarte hinten, e 3
Mehr als 200 bekannte Plätze und Monumente – ganz Italien präsentiert sich hier in Miniaturgröße.
Capriate San Gervasio/Autostrada Richtung Bergamo, Ausfahrt Capriate; Eintritt 4 €, Kinder 12 €; Mitte März–Mitte Nov. tgl. 9.30–18, im Sommer bis 19 Uhr

Museo civico di Storia Naturale → S. 114, B 15
Dinosaurier-Skelette, nachgebaute Landschaften aus grauer Vorzeit, jede Menge Steine und Botanik, hier werden sich auch Ihre Kinder vom Großstadtdschungel erholen ...
Corso Venezia 55; Metro: M 1/Palestro (c 2); Di–So 9.30–18.30 Uhr; Eintritt 4 €

Noè Giocattoli → S. 114, A 15
Hier kann man überdimensionale Züge und Schiffe bestaunen.
Via Manzoni 40; Metro: M 3/Montenapoleone (b 2)

Parco della Preistoria → Umschlagkarte hinten, e 4
Riesige Freizeitanlage mit lebenden Tieren bzw. mit nachgebauten Dinosauriern, Urzeitsiedlungen, Neandertalern in Aktion.
Rivolta d' Adda (Statale 11, Richtung Brescia); März–Nov. tgl. 9–18 Uhr; Eintritt 10 €, Kinder 7 €

Planetario Ulrico Hoepli → S. 114, B 15
Gucken Sie in den Himmel und hoffen Sie auf eine Sternschnuppe!
Corso Venezia 57; Metro: M 1/Palestro (c 2); Di, Sa, So sind 15 und 16.30 Uhr Führungen; Eintritt 4 €

Theater

Teatro del Buratto → S. 112, A 12
Musicals und Puppentheater für Kinder in der Sala Don Orione.
Via Fezzan; Metro: M 1/Bande Nere (a 2), Bus 54, 67

Teatro delle Marionette → S. 113, D 12
Die Marionetten von Gianni und Cosetta ziehen Jung und Alt in Bann.
Via degli Olivetani 3b; Tel. 0 24 69 44 40; Metro: M 2/S. Ambrogio (b 2/3), Bus 50

Unterwegs in Mailand

Mailand widmete seine monumentale Galleria 1877 König Vittorio Emanuele II. (→ S. 57). Dieses Denkmal des wohlhabenden Bürgertums der Stadt mit seinen Bars, Restaurants und Geschäften gilt auch heute noch als exklusivste Einkaufspassage ganz Italiens.

Die geschäftige Kapitale Norditaliens mit der mehrtausendjährigen Geschichte hat wahrlich viel zu bieten: Nehmen Sie sich Zeit, das Flair dieser Stadt zu genießen ...

Sehenswertes

Das Castello, Leonardos »Abendmahl«, Sant'Ambrogio und natürlich der Dom sind die Highlights!

Leonardos »Abendmahl« – zu sehen im ehemaligen Refektorium des Dominikanerklosters Santa Maria delle Grazie – ist ein Kunstwerk von dramatischer Intensität.

Dieser Ansicht ist jedenfalls ein Journalist vom »Corriere della Sera«. Und wenn nur Zeit für eine einzige Besichtigung bliebe? Da verweist der Lokalkolumnist mit inbrünstiger Überzeugung auf **Sant'Ambrogio**, die Kirche des Mailänder Schutzpatrons – wohl vorausgesetzt, dass früher oder später ohnehin jeder Besucher in dem prächtigen Gotteshaus landet.

Abgesehen von den oben angegebenen (und einigen weiteren) »Sightseeing-Musts« hat Mailand freilich noch eine Menge anderes zu bieten. Wer mit offenen Augen durch die Straßen spaziert, kann beinahe an jeder Ecke, durch jedes offene Tor etwas Interessantes oder Kurioses entdecken und so Stück für Stück sein eigenes Mailand-Mosaik zusammenbasteln.

Das Stadtbild hat sich in den letzten zwei Jahrhunderten von dem einer einst wichtigen Provinzstadt des Römischen Reiches, gekennzeichnet durch ländliche Strukturen, zu dem einer modernen Wirtschaftsmetropole entwickelt. Während man in den meisten traditionellen italienischen Kunststädten – etwa Venedig oder Florenz – das Gefühl hat, die Zeit sei irgendwann stehen geblieben, vermittelt Mailand eher einen progressiven Eindruck. Umso beeindruckender und lebendiger sind die alten Kunstdenkmäler, die der Zeit standhalten konnten. Diese werden gehegt, gepflegt, renoviert – wie beispielsweise der Mailänder **Dom**, an dem es immer etwas auszubessern gibt.

In erster Linie gibt sich die Stadt nun einmal grau, modern und geschäftig, von Autos überflutet und smoggequält – was Sie jedoch keinesfalls daran hindern sollte, sich »mitten ins Gewühl« zu stürzen. Der beste Ausgangspunkt für Ihre Unternehmungen ist der Domplatz, dominiert von der himmelstürmenden Gotik des Gotteshauses und der imposanten Öffnung zur Galleria gleich nebenan.

Doch es gibt auch ein Mailand der Stille. Schauen Sie einfach einmal genauer hin – da gibt es hinter unscheinbaren Fassaden malerische Innenhöfe zu entdecken, in etwas abgelegenen Kirchen zeigen sich unerwartete Schätze, ein Spaziergang entlang der Kanäle provoziert fast unausweichlich romantische Gefühle ... Achtung: Die meisten Kirchen sind in der Mittagszeit geschlossen!

Abbazia di Chiaravalle

→ S. 119, südl. F 24

Bernard de Clairvaux gründete 1135 dieses berühmte romanisch-gotische Kloster als erstes Zisterzienserkloster Italiens. Die Fassade wurde im 16. Jh. neu gestaltet, im Inneren dominiert die französische Gotik des 12. Jh. Sehenswert sind das Madonnenfresko von Luini am oberen Treppenabsatz im rechten Querhaus sowie die Kuppelfresken von Künstlern aus der Schule Giottos. Der elegante Campanile stammt aus dem 14. Jh. Neben der Kirche verkaufen die Mönche Hochprozentiges und Honig.

Chiaravalle Milanese; Via Sant'Arialdo; Metro: M 3/Lodi, dann Bus 77

»Abendmahl«

→ S. 113, D 11

Den Moment des letzten Abendmahls, als Jesus seinen zwölf Aposteln offenbart, dass ihn einer unter ihnen verraten werde, hat der toskanische Künstler Leonardo da Vinci in seinem berühmten Gemälde (1495–1497) mit einer Intensität dargestellt, die jeden Betrachter in ihren Bann zieht. 3

Ein Besuch des »Abendmahls« ist ein Muss, wenn auch dessen Restaurierung inzwischen zur unendlichen Geschichte geworden ist. Bereits 20 Jahre nach der Fertigstellung des Gemäldes war die erste Radikalkur fällig, denn der Meister hatte Temperafarben auf trockenem statt auf feuchtem Verputz – wie bei der Freskotechnik sonst üblich – verwendet. Zudem haben Überschwemmungen und die Zerstörung des Refektoriums im Zweiten Weltkrieg dem Gemälde schweren Schaden zugefügt.

Das Castello Sforzesco, die mächtige Trutzburg der über Mailand regierenden Geschlechter der Visconti und Sforza, birgt auch eine bemerkenswerte Pinakothek.

Seit einigen Jahren versucht sich die Kunsthistorikerin Brambilla mit Pinzette und Elektronenmikroskop an der Restauration. Die Schwierigkeit besteht darin, die abgebröckelten Zwischenräume auszufüllen, ohne dem Gemälde das Licht und die Beziehung zu Farbe und Helligkeit des Raums zu rauben. Über 1 Mio. € wurden in das Meisterwerk bereits investiert, völlig wiederhergestellt wird es wohl nie mehr werden. Zum Schutz des wertvollen Kunstwerks wurde nun eine Luftreinigungsanlage installiert, um die schädigenden Stoffe im Refektorium möglichst zu reduzieren. Das Wandgemälde (9,1 m lang, 4,2 m hoch) befindet sich im ehemaligen Refektorium des Dominikanerklosters **Santa Maria delle Grazie** (→ S. 62).

Piazza Santa Maria delle Grazie 2; Metro: M 1/Conciliazione (b 2); Di–So 8.15–18.45 Uhr; die Besucherzahl ist streng reglementiert, zu jeder Viertelstunde werden 25 Personen eingelassen. Eintrittskarten werden nur in beschränkter Anzahl vergeben. Um sicher zu gehen, dass man zum gewünschten Termin auch ein Ticket erhält, sollte man Wochen oder gar Monate im Voraus reservieren. Tel. Reservierung über 02 89 42 11 46 (1,50 €) oder über www.cenacolovinciano.org; tgl. Führungen auf Englisch und Italienisch, deutschsprachige Audioguides gibt es an der Kasse (2,50 €); Eintritt 8 €

Archi dell'antica Porta Ticinese

→ S. 117, E 17

Die Bögen des Ticinese-Tores gehören zu einem Teil der Stadtmauer, der im Jahr 1171 nach der Zerstörung Mailands durch Kaiser Friedrich Barbarossa errichtet worden war. Das Relief an der Außenseite stellt die Madonna mit einigen Heiligen sowie St. Ambrosius, den Schutzpatron der Stadt, dar.

Corso di Porta Ticinese; Bus 3

Arco della Pace

→ S. 113, D 10

Am Anfang stand an der Verkehrsachse des Corso Sempione ein hölzerner Triumphbogen. Luigi Cagnolo war beauftragt, diesen 1807 durch einen Siegesbogen aus Marmor und Stein nach antikem römischen Vorbild zu ersetzen, um die Triumphe Napoleon Bonapartes gebührend zu ehren. Als das Siegesglück Napoleon verließ, wurde der Bogen im Auftrag der Siegermacht Österreich weitergebaut. 1838 weihte ihn Kaiser Ferdinand I. ein. Seit 1859 erinnert der Arco an den Einmarsch der piemontesisch-französischen Truppen unter Napoleon III. und König Viktor Emanuel II. von Savoyen. Die wechselnden Machthaber hat der Arco della Pace zwar überlebt, der Verfall indes verschont ihn nicht. Aufwendige und vor allem kostenintensive Renovierungsarbeiten werden nun durchgeführt.

Piazza Sempione; Bus 16, 169

Arena → S. 113, E 10

In der von Luigi Canonica 1805 erbauten Arena, einem Amphitheater im klassischen Stil, finden Sport- und Musikveranstaltungen statt.

Via Legnano; Bus 3, 12, 14

Casa di Riposo Giuseppe Verdi → S. 108, B 10

Älteren Musikern wollte Giuseppe Verdi mit dem 1899 von ihm gegründeten »Altersheim« einen schönen Lebensabend bescheren. Der Meister selbst hat zusammen mit seiner Frau in der Grabkapelle des Hauses die letzte Ruhestätte gefunden. Heute werden hier Konzerte veranstaltet.

Piazza Buonaroti 9; Metro: M 1/ Buonaroti (a 2)

Castello Sforzesco → S. 113, E 10

Mitten in der Stadt eine schier uneinnehmbare Festung mit Burggräben, Zugbrücken und 4 m dicken Mauern: Von dieser ganz aus Ziegelsteinen errichteten Machtzentrale aus haben die Visconti und die Sforza die Stadt beherrscht. Einmal kochte der Unmut der Mailänder gegen die diktatorischen Herren über: Der im Westen liegende Teil, die **Rocchetta**, 1368 von Galeazzo II. Visconti angelegt, wurde während eines Aufruhrs vom Volk gestürmt und teilweise zerstört. Francesco Sforza ließ sie 1450 wiederherstellen und gleichzeitig den Gebäudekomplex durch die **Corte Ducale** und den **Cortile delle Milizie** vergrößern.

Seine Blütezeit erlebte das Kastell unter Ludovico il Moro (1480–1499), der für den Ausbau der Innenräume Künstler wie Leonardo da Vinci und Bramante an den Hof rief. Während der spanischen und österreichischen Herrschaft diente das Schloss wieder militärischen Zwe-

Wegzeiten (in Gehminuten) **zwischen wichtigen Sehenswürdigkeiten**

	Cast. Sforzesco	Duomo	Gal. V. Emanuele	Giardini Pubblici	Navigli	Pinac. Ambrosiana	Pinac. di Brera	Sant'Ambrogio	Teatro alla Scala	Via Montenapoleone
Castello Sforzesco	–	10	10	20	45	20	10	20	10	10
Duomo	10	–	1	20	30	15	15	15	2	10
Gal. V. Emanuele	10	1	–	20	30	15	15	15	2	10
Giardini Pubblici	20	20	20	–	60	30	15	30	20	10
Navigli	45	30	30	60	–	30	50	30	30	50
Pinac. Ambrosiana	20	15	15	30	30	–	20	1	15	20
Pinac. di Brera	10	15	15	15	50	20	–	20	15	7
Sant' Ambrogio	20	15	15	30	30	1	20	–	15	20
Teatro alla Scala	10	2	2	20	30	15	15	15	–	10
V. Montenapoleone	10	10	10	10	50	20	7	20	10	–

Geschichten aus dem Leben in Stein und Bronze gefasst: Auf dem Cimitero Monumentale schmücken nicht selten prunkvolle lombardische Plastiken die Gräber.

cken: 1848 ließ General Radetzky während des Aufstandes gegen die Österreicher – der berühmten »cinque giornate« – die Stadt beschießen.

Durch den mächtigen, 70 m hohen **Torre Filarete,** eine Nachbildung des 1521 durch eine Pulverexplosion zerstörten Torturms, gelangt man ins Innere des bedeutendsten Bauwerks der Renaissance in Mailand. Man überquert den Cortile delle Milizie, einst ein Truppenübungsplatz der Sforza. In der Mitte befindet sich der 36 m hohe **Turm der Bona von Savoyen,** rechts davon der **Corte Ducale** mit den Wohnräumen der Herzöge. In der Corte Ducale liegt auch der Zugang zu dem **Museo del Castello Sforzesco** (→ S. 68). An der Ostseite sind noch Reste der ehemaligen Stadtmauer und der Ansatz eines zweiten Mauerrings erkennbar. An der Westseite die berühmte **Ponticella di Ludovico il Moro,** auf der eine Loggia von Bramante ruht. Durch das Nordwesttor, die **Porta del Barco,** gelangt man in den **Parco Sempione.** In das Castello Sforzesco wird kräftig investiert, es soll zum Symbol werden, mit dem sich die Mailänder identifizieren können.

Piazza Castello; www.milanocastello.it; Metro: M 1/Cairoli (b 2); Di–So 9–18.30 Uhr

Certosa di Garegnano

⇢ S. 108, westl. A 1

Am nordwestlichen Stadtrand liegt das Kartäuserkloster, das auch »Certosa di Milano« genannt wird. Die 1349 durch den Erzbischof Giovanni Visconti gegründete Anlage wurde im 16. Jh. durch den heutigen Bau ersetzt. Im Inneren der Kirche befindet sich ein sehenswerter **Freskenzyklus** von Daniele Crespi (1628/1629), der die Geschichte des Ordens erzählt.

Via Garegnano 28; Tram 14; Mo–Sa 15–16.30 Uhr

Cimitero Monumentale

⇢ S. 109, E 4

»Der letzte Auftritt« als faszinierende Inszenierung in Marmor und Stein: Auf 20 000 qm errichtete Carlo Maciachini 1866 diesen Friedhof als recht eigentümlichen Ort der letzten Ruhe. Die Grabmäler erzählen Geschichten, überlebensgroße steinerne Gestalten machen den Friedhof zu einem Freilichtmuseum. Begraben sind hier u. a. Alessandro Manzoni sowie Carlo Cattaneo, der Initiator des Aufstandes »cinque giornate« (1848). 4

Piazzale Cimitero Monumentale; Tram 14; tgl. 8.30–17.15, Okt.–März 8.30–16.45 Uhr, Mo geschl.

Denkmal Alessandro Manzoni

⇢ S. 114, A 15

In seinem Roman »I promessi sposi« (»Die Verlobten«) erzählt der geborene Mailänder (1785–1873) die Geschichte eines lombardischen Bauernpaares unter der spanischen Besatzung und ruft zum Kampf gegen die österreichische Fremdherrschaft

auf. Auch dafür ließen die Mailänder dem Schöpfer der modernen italienischen Prosa von Francesco Barzaghi ein Denkmal setzen.
Piazza San Fedele; Bus 61

Denkmal Giuseppe Verdi

⇢ S. 112, B 10

»Viva Verdi« – »Viva V(ittorio) E(manuele) R(é) D'I(talia)«: Die Skandierung des Namens von Italiens größtem Komponisten wurde unter der österreichischen Herrschaft zum Schlachtruf für die Einigung Italiens – und Verdi damit zur Leitfigur für das Mailand des Risorgimento. Das Denkmal, 1913 von Enrico Butti erbaut, setzte man dem 1813 bei Parma geborenen und 1901 in Mailand gestorbenen Komponisten sinnigerweise am Piazzale Michelangelo Buonaroti ...
Piazzale Michelangelo Buonaroti; Metro: M 1/Buonaroti (a 2)

Denkmal Leonardo da Vinci

⇢ S. 114, A 15

Geboren wurde der Lieblingsgast der Stadt 1452 in der Toskana, erst 1482 kam er im Dienste Ludovico il Moros als Bildhauer, Maler, Architekt und Ingenieur an den Mailänder Hof. Dort verbrachte er mehrere Jahrzehnte, entwarf u.a. den Vierungsturm des Doms, baute die Festungsanlagen aus, organisierte das Kanalsystem neu. Vor allem aber schuf er so unvergängliche Kunstwerke wie das »Abendmahl«. 1499 folgte er dem Ruf an den französischen Hof, malte dort die Mona Lisa. 1508, elf Jahre vor seinem Tod, kehrte er zum letzten Mal nach Mailand zurück. Das Denkmal, 1872 von Pietro Magni erschaffen, steht auf dem Platz zwischen Scala und Rathaus.
Piazza della Scala; Metro: M1, M3/ Duomo (b 2)

Denkmal Monumento delle Cinque Giornate

⇢ S. 114, C 16

Das von Giuseppe Grandi 1895 am gleichnamigen Platz errichtete Denkmal erinnert an den Aufstand der »fünf Tage« (18.–22. März 1848) gegen die österreichische Besatzung. Fünf weibliche Figuren, die die fünf Tage symbolisieren, gruppieren sich um den Obelisken. Unter dem Denkmal befinden sich in einer Krypta die Gebeine der Opfer des Aufstandes. Das Denkmal hat für die Mailänder besondere Bedeutung.
Piazza Cinque Giornate; Bus 62, Tram 12, 27

Duomo Santa Maria Nascente

⇢ S. 114, A 15

Der unendliche Dombau zu Mailand begann 1386 auf Anregung von Graf Gian Galeazzo Visconti. Für das ehrgeizige Projekt musste die Sommerkathedrale Santa Tecla weichen. Die ersten Jahre versuchte man sich in europäischer Koproduktion und legte die Bauleitung abwechselnd in die Hände italienischer, französischer und deutscher Meister – Meinungsverschiedenheiten zwischen den Künstlern waren vorprogrammiert. Erst unter Filippino degli Organi (1400) schritten die Bauarbeiten voran, 1418 konnte der Hochaltar von Papst Martin V. eingeweiht werden. Organi ging, die Renaissance-Architekten Solari und Amadeo kamen. Nach einer vorübergehenden Pause, bedingt durch den Sturz Ludovico il Moros (1499), ging es 1567 unter Kardinal Carlo Borromeo wieder zügig voran, allerdings in einem völlig anderen Stil. Pellegrino Tibaldi entwarf 1616 eine zeitgemäße Barockfassade, die später wiederum von Buzzi in gotische Formen verwandelt wurde.

1572 weihte Kardinal Borromeo die Kirche zum Gedenken an die Geburt Marias. Die unvollendete Außenfassade ließ Napoleon I. nach einem Entwurf von Carlo Amati teilweise fertigstellen. Ergänzungen an den oberen Bauteilen und Arbeiten an den Portalen zogen sich bis 1950 hin. Und dann war es schon wieder Zeit für erste Renovierungsarbeiten, die bis zum heutigen Tag andauern. Erst kürzlich musste die Fassade etwa vom Grauschleier der Abgase befreit werden ...

Die Gesamtfläche der fünfschiffigen Basilika – die an Größe nur vom Petersdom übertroffen wird – beträgt ca. 11 700 qm, die Länge 158 m, die Breite 66 m. Über allem schwebt auf dem Vierungsturm in einer Höhe von 108,5 m die vergoldete Statue der Madonnina (1774 von G. Perego). Rund 135 Fialen und über 2300 Statuen zieren die Fassade des weißen Marmorbaus. Die Basen der sechs gewaltigen Pfeiler zeigen Reliefs aus der biblischen Geschichte, die Pfeilerkonsolen sind mit Statuen der Apostel und Propheten geschmückt. Die schweren Bronzetüren (20. Jh.) sind mit Darstellungen aus der Mailänder Geschichte verziert. In die Apsis, den ältesten Teil des Doms, sind drei der größten Spitzbogenfenster der Welt (1390 von de Bonaventura, Maßwerk degli Organi) eingearbeitet.

Die helle, freundlich-verspielte Außenfassade kontrastiert stark mit dem eher düsteren Innenraum des Doms, der sich in ein fünfschiffiges Langhaus und einen dreischiffigen Querbau teilt. Für eine Besichtigung sollten Sie sich Zeit lassen, denn es gibt viel zu entdecken – hier nur einige Anregungen: der Marmorfußboden aus dem 16. Jh. (Tibaldi), in der Mitte das Santurio, ein von Tibaldi entworfener Hochaltar mit vergoldetem Ziborium und dem Tabernakel, das Reliefs zieren, die Szenen aus dem Leben Christi zeigen.

Im südlichen Querarm befindet sich das Grabmal Gian Giacomo Medicis; die Statue in römischer Rüstung, umgeben von allegorischen Figuren, ist ein Werk Leone Leonis (1563). Im Mittelpunkt der Vierung auf dem Boden unter einem Bronzegitter das Grab des heiligen Carlo Borromeo. Die beiden Sakristeiportale mit uralter Bauplastik (1393) sind Christus und Maria geweiht. Im nördlichen Querarm der berühmte Trivulzio-Kandelaber, ein siebenarmiger, 5 m hoher romanischer Bronzeleuchter aus dem 12. Jh. Der Domschatz wird im hinteren Chor aufbewahrt (tgl. 9–12, 15–18 Uhr; Eintritt 5,16 €).

Ein Besuch während des Gottesdienstes ist besonders lohnend und eindrucksvoll. Inmitten der andächtigen Gesichter der Mailänder Gläubi-

Das Herz von Mailand: der mächtige Dom Santa Maria Nascente (→ S. 55) und der Eingang zum »Salon« der Stadt, der Galleria Vittorio Emanuele II.

gen, umgeben von Kunstwerken vergangener Jahrhunderte, eingehüllt in Dämmerlicht, das nur von milchigen Lichtreflexen gebrochen wird, die durch die bunt bemalten Fenster fallen, dazu die umwerfende Akustik – so wird sich auch ein Nichtgläubiger der Mystik des Mailänder Doms schwerlich entziehen können!

Unbedingt einplanen sollten Sie auch einen Besuch der marmorgepflasterten **Dachterrassen**, die Sie über einen Zugang an der Außenseite gegenüber dem Kaufhaus La Rinascente zu Fuß (300 Stufen) oder mit dem Aufzug erreichen (Nov.–Feb. 9–16.15, März–Okt. 9–17.45 Uhr).

5

Seit Juli 2008 ist für Gruppen während der Führungen das Tragen von Radio-Guides Pflicht, um die Ruhe im Dom zu gewährleisten. Die Radio-Guides können am Duomo-InfoPoint in der Via Arcivescovado 1 (rechts neben dem Dom) ausgeliehen werden (Mo–Sa 9–12 und 13–17.15, So 12.45–15.15 Uhr; Kosten: 1,20 €/ Apparat).

Piazza del Duomo; Metro: M 1, M 3/ Duomo (b 2); Sammelticket für Museum und Aufstieg Lift 7 € bzw. Treppe 5 €

Fontana del Piermarini → S. 114, A 16

Noch bis vor 80 Jahren war dieser Brunnen der einzige in ganz Mailand. Errichtet wurde er im Jahr 1782 nach einem Entwurf von Piermarini.

Piazza Fontana; Metro: M 1, M 3/ Duomo (b 2)

Fratelli Branca → S. 109, E 2

Eine Pilgerstätte für Fernet-Branca-Fans: Seit Jahrzehnten wird hier der berühmte Magenbitter gebraut. Im Fabrikgebäude kann man noch uralte Maschinen bewundern.

Via Resegone 2; Bus 3

Galleria Vittorio Emanuele → S. 114, A 15

Zwischen Dom und Scala liegt die schickste und exklusivste Einkaufspassage Italiens, von den Mailändern liebevoll »il salotto« (Salon) genannt. Ein Laufsteg der Eitelkeiten, auf dem man, vor allen Launen des Wetters geschützt, flaniert und parliert. Die monumentale Anlage wurde 1865 bis 1877 von Giuseppe Mengoni erbaut und sollte das Selbstbewusstsein des Mailänder Bürgertums repräsentieren. Die Bogengänge sind 165 m bzw. 105 m lang, 14,5 m breit und 32 m hoch. Die Glaskuppel liegt in 47 m Höhe. Heute befinden sich in der Galleria ein Infobüro der Kommune, Bars, Restaurants – darunter die Evergreens **La Zucca**, **Biffi** und **Savini** –, eine Gelateria, das Borsalino-Hutgeschäft und einige Buchläden.

Piazza del Duomo/Piazza della Scala; Metro: M 1, M 3/ Duomo (b 2)

Giardini Pubblici → S. 114, C 14

1782 legte Giuseppe Piermarini, der Erbauer der Scala, zwischen Via Palestro, Corso Venezia und Via Manin die »öffentlichen Gärten« an (→ MERIAN-Tipp, S. 46). Die Anlage beherbergt auch das Naturgeschichtliche Museum (→ S. 67).

Via Palestro/Bastioni di Porta Venezia; Metro: M 1, M 3/Porta Venezia, Palestro, Repubblica (b 2/c 2), Sommer bis 23 Uhr

Giardini di Villa Reale → S. 114, C 14

Die älteste Gartenanlage der Stadt, 1790 von Leopold Pollak für die Familie Belgioioso entworfen.

Via Palestro 16; Metro: M 1/Palestro (c 2); tgl. 9–16, Sommer bis 19 Uhr

Grattacielo Pirelli → S. 110, C 8

Der Bau wurde 1955 bis 1958 von einer Architektengruppe unter Mitarbeit Nervis für den Pirelli-Konzern errichtet. Seit 1978 hat die Regionalverwaltung der Lombardei ihren Sitz in dem 127 m hohen Wolkenkratzer. Im April 2002 blickte die ganze Welt auf das Hochhaus: Ein Kleinflugzeug krachte in den Turm, drei Menschen starben bei dem Unglück.

Piazza Duca d' Aosta; Metro: M 1, M 3/ Stazione Centrale (b 2)

Wenn der Abend hereinbricht, erwachen die Uferstraßen am Alzaia Naviglio Grande zu neuem Leben. Dann strömen die Mailänder in die Lokale entlang der Kanäle.

Milano 2 → S. 111, östl. F 8
Über 10 000 Menschen haben sich in dieser Trabantenstadt seit 1968 niedergelassen. Seit Anfang der Neunzigerjahre gibt es bereits ein Milano 3. So anregend wie die Namensgebung ist auch die Lebensqualität: Marke Fertigbaughetto mit Einheitsausblick.
Via Cassanese; Metro: M2/Cimiano (c 2)

Milano San Felice → S. 111, östl. F 8
Vorwärts in die Zukunft, aber zurück zur Natur: Milano San Felice ist die erste »città giardino« (Gartenstadt) Italiens. Die Architekten Magistretti und Dominioni haben nahe des Malaspina-Sees eine Wohnoase mit eleganten Reihenhäusern geschaffen.
Segrate; Metro: M2/Crescenzago (c 1)

Monte Stella → S. 108, westl. A 3
Ein Berg in Mailand! Der 170 m hohe »Hausberg« Monte Stella entstand aus den Trümmern des Zweiten Weltkriegs. Im Sommer dient er als Aussichtspunkt, im Winter kann man dank einer Schneekanone sogar Ski fahren.
Piazza Santa Maria Nascente; Metro: M 1/Lampugnano, QT8 (a 2)

Navigli → S. 116/117, A/E 18
Einst war Mailand – so erstaunlich es heute auch klingen mag – eine Stadt des Wassers. Sie war in allen Richtungen durchzogen von meist künstlich angelegten Kanälen, die sie mit den Seen und den Flüssen Po und Ticino verbanden. Mit dem **Naviglio Grande** (50 km lang), der zum Ticino fließt, verfügte man bereits im 12. Jh. über eine wichtige Handelsverbindung zum Lago Maggiore, mit dem **Naviglio Pavese** (33 km lang) schuf man sich den Anschluss an den Fluss Po. Am Naviglio Pavese, der im 14. Jh. begonnen und 1819 fertiggestellt wurde, hat auch Leonardo da Vinci mitgewirkt.

Im Mittelalter dienten die Navigli als Verteidigungsgräben, im 16. Jh. wurden sie als Transportwege benutzt. Ende des 19. Jh. stiegen die Erhaltungskosten so stark an, dass man einen Teil der Kanäle zuschütten musste. Ein weiterer Teil musste dem Bau der öffentlichen Verkehrsmittel Platz machen. Den Planierraupen entkommen sind der Naviglio Grande und der Naviglio Pavese, die an Mailands ehemaligem Hafen zusammen-

MERIAN-Tipp

8 Minikreuzfahrt auf den Kanälen

Mailand zu Wasser: Das Schiff der Linie 1 tuckert die Navigli Grande und Pavese entlang, dann weiter zur Darsena, am Ufer gleiten aufwendig restaurierte Mansardenwohnungen, verfallene Häuschen mit bröckelndem Putz, bewohnt von Handwerkern oder vermietet an Studenten, vorbei. Vor allem während der Sommermonate kommen viele Mailänder aus der City in die Lokale entlang der Kanäle. Ein beliebter Treffpunkt ist der Naviglio Grande auch an jedem Sonntag, wenn Händler am Mercatone dell'Antiquariato (Antiquitätenmarkt) ihre Waren anbieten.

Abfahrt: Alzaia Naviglio Grande 66 beim Palazzo Galloni, tgl. 16, 17, 18 Uhr; Metro: M 2/Porta Genova (b 3); Dauer 55 Min.; Preise 15 €, Kinder 12 €
S. 116/117, B/E 18

fließen. Die sogenannte **Darsena** aus dem 17. Jh. (nahe Porta Ticinese, zwischen Viale Gorizia und Viale Gabriele d'Annunzio) galt noch bis in die Siebzigerjahre als drittgrößter Umschlaghafen Italiens. Entlang der beiden Navigli ließen sich – ähnlich wie in Venedig – Handelsleute und Handwerksbetriebe nieder.
Strada Alzaia Naviglio Grande/Ripa di Porta Ticinese/Strada Alzaia Naviglio Pavese/Via Cardinale Ascanio Sforza; Metro: M 2/Porta Genova (b 3)

Palazzo Arcivescovile S. 114, A 16
Erzbischöflicher Palast aus dem 12. Jh., später des Öfteren umgestaltet und erweitert; den besten Eindruck von seiner ursprünglichen Form bekommt man im Innenhof, dem Cortile. Die Fassade zur Piazza Fontana ist von Scala-Baumeister Piermarini.
Piazza Fontana 2; Metro: M 1, M 3/Duomo (b 2)

Palazzo Belgioioso-d'Este S. 114, A 15
Prächtiger Palast von Alberico Belgioioso-d'Este nach Entwürfen von Piermarini, dem Architekten der Scala.
Piazza Belgioioso 2; Metro: M 3/Montenapoleone (b 2)

Palazzo Borromeo S. 113, F 12
Der Stammsitz der aus Padua stammenden Familie Borromeo, die zwei berühmte Sprösslinge hervorbrachte: die Mailänder Kardinäle Carlo Borromeo (1538–1584) und Federico Borromeo (1564–1631). Es lohnt ein Blick ins Innere des Palastes – dort findet man einen der schönsten privaten Höfe Mailands.
Piazza Borromeo 7; Metro: M 1/Cordusio (b 2)

Palazzo Clerici S. 113, F 11
In diesem herrlichen Patrizierhaus aus dem 18. Jh. befindet sich die **Galleria degli Arezzi** mit einem Meisterwerk des venezianischen Malers Giambattista Tiepolo: dem 1740 geschaffenen Deckenfresko »Fahrt Merkurs im Sonnenwagen«. Da im Palazzo auch das Studienzentrum für internationale Politik seinen Sitz hat, ist die Besichtigung des Meisterwerks nur während öffentlicher Veranstaltungen möglich – es sei denn, Sie können den Portier überreden, Sie hineinzulassen.
Via Clerici 5; Metro: M 1/Cordusio (b 2)

Palazzo Litta S. 113, E 11
Ein wunderbarer Barockpalast, 1648 nach Plänen von Richini für Graf Arese erbaut. Heute ist darin das **Teatro Litta** untergebracht. Die herrliche Rokokofassade stammt von 1763.
Corso Magenta 24; Metro: M 1/M 2 Cadorna (b 2)

Palazzo Marino S. 114, A 15
Der Hochrenaissancebau wurde im Auftrag des Genuesen Tommaso Marino 1558 von Galeazzo Alessi begonnen, Luca Beltrami errichtete dann 1888 die der Piazza della Scala zuge-

wandte Fassade. Sehenswert sind der **Alessi-Saal** mit Stuckarbeiten und Gemälden im Erdgeschoss sowie der prachtvolle Innenhof. Heute beherbergt der Palazzo Marino den Sitz der Stadtverwaltung.

Piazza della Scala; Metro: M 1, M 3/ Duomo (b 2)

Palazzo Reale → S. 114, A 16

Im wörtlichen, aber auch im symbolischen Sinne im Schatten des Domes steht der Palazzo Reale. Im 11. Jh. befand sich hier das alte **Rathaus** (Broletto Vecchio), das 1310 Sitz der Visconti wurde. 1385 zogen diese in das Castello Sforzesco um, und das Gebäude am Domplatz verlor an Bedeutung. Seine heutigen klassizistischen Formen verlieh ihm Giuseppe Piermarini 1771 bis 1778 unter österreichischer Herrschaft. Nach Italiens Einigung 1861 erhielt das Gebäude den Namen Palazzo Reale (Königspalast). Durch schwere Bombeneinschläge im Zweiten Weltkrieg wurde im Inneren leider viel zerstört.

Heute sind im Palazzo Reale das Dommuseum (**Museo del Duomo**, → S. 69) sowie das Museum für zeitgenössische Kunst (**Civico Museo d'Arte Contemporanea**, → S. 67) untergebracht. Zudem wird diversen modernen Kunstwerken Ausstellungsraum zur Verfügung gestellt. Der Palazzo Reale ist das bedeutendste Ausstellungszentrum der Stadt mit besonderem Augenmerk auf zeitgenössische und multimediale Kunst. Infos gibt es in Zeitungen und im Infozentrum in der Galleria Vittorio Emanuele.

Piazza del Duomo; Metro: M 1, M 3/ Duomo (b 2);

Palazzo del Senato → S. 114, B 14

Der Palast war bis zum Jahr 1814 der Sitz des Senats, heute beherbergt er das Staatsarchiv – der perfekte Ort für eine Reise in die Vergangenheit! Die Fassade ist ein Werk Richinis.

Via Senato 10; Metro: M 1/San Babila (b/c 2)

Parco Forlanini → S. 115, östl. F 16

Auf 75 000 qm Grünflächen, Wiesen, Wälder. Dazwischen »cascine«, typische lombardische Bauernhöfe – und wenn man Glück hat, kann man noch einige seltene Vogelarten entdecken. Seit kurzem befindet sich im Parco auch das neue Mehrzweck-Sportzentrum Saini mit zwei Fußballfeldern, zwölf Tennisplätzen, drei Schwimmbädern und vielem mehr. 6

Zwischen Viale Forlanini und Via Corelli; Bus 27

Parco dell'Idroscalo → S. 119, östl. F 23

Schwimmbäder, Tennisplätze, Sportplätze, Pizzerien, Bars und ein 2,5 km langer See machen die Anlage zu einem Freizeitparadies. Im Sommer vergnügen sich Daheimgebliebene bei Wassersport und Sonnenbaden. Auf dem 2 bis 4 m tiefen See werden Motorboot- und Ruderrennen ausgetragen; man surft, fährt Wasserski oder segelt. Im Frühjahr gehört das Areal Wasserhühnern und Wildenten. 6

Hinter dem Flughafen Linate, Eingang Viale Idroscalo 1; Bus 73 ab Piazza Cinque Giornate

Parco Sempione → S. 113, D 9

Eigentlich hatte sich Napoleon diesen Platz zwischen Castello Sforzesco und Arco della Pace als Forum auserkoren, doch aus diesen Plänen wurde nichts. Nach den Entwürfen von Emilio Alemagna entstand 1893 stattdessen ein 47 ha großer Park mit Wasserflächen, Bäumen und Blumenbeeten. In der im Stil eines englischen Gartens gehaltenen Anlage befinden sich das städtische Aquarium, der **Palazzo dell' Arte**, der **Torre dell' Arte** sowie ein Denkmal für Napoleon III. 6

Piazza Sempione; Metro: M 1/Cairoli (b 2), Cadorna (b 2)

Piazza dei Mercanti → S. 114, A 15

Mitten im lauten, hektischen Trubel ein stilles, malerisches Plätzchen. Im mittelalterlichen Mailand war die Piazza dei Mercanti gesäumt von Arkadengängen und Zentrum des öffentlichen Lebens; der Palazzo della Ragione diente als Rathaus. Heute sind in den antiken Gebäuden Banken und Büros untergebracht.

Die Reiterstatue in einer Nische des Platzes ist dem ersten Bürgermeister Mailands, Olrado da Tresseno, gewidmet. Bis 1770 war der Palast Sitz der Stadtverwaltung. Gegenüber befindet sich die **Loggia degli Osii** aus dem Jahr 1316. Auf der Brüstung sind die Wappen der Visconti und der Mailänder Stadtteile gut erkennbar. Bis vor Kurzem wurde auf der Piazza der Flohmarkt »O beij, O beij« veranstaltet – aus Platzgründen musste er umziehen. Im Sommer kann man auf dem Platz gut essen.

Metro: M 1/Cordusio, Duomo (b 2)

Reiterstandbild Giuseppe Garibaldi

···› S. 113, F 11

Mailand verewigte 1895 den Freiheitskämpfer Garibaldi (1807–1882) mit einem bronzenen Standbild von Ettore Ximenes am Largo Cairoli.

Largo Cairoli; Metro: M 1/Cairoli (b 2)

Reiterstandbild Victor Emanuel II.

···› S. 114, A 15

Hoch zu Ross thront er über dem Domplatz – der erste König des vereinigten Italien (1820–1878). Ercole Rosa schuf 1896 das Bronzestandbild des von den Italienern verehrten Monarchen. Heute ist zu seinen Füßen ein beliebter Treffpunkt für Verabredungen.

Piazza del Duomo; Metro: M 1, M 3/ Duomo (b 2)

Sant'Ambrogio

···› S. 113, E 12

7

Ambrosius, der das religiöse Ideal der Mailänder verkörpert, wurde 374 zum Bischof gewählt. Auf seinen Wunsch entstand im Jahr 386 die Basilika. Im Inneren sind wertvolle Kunstschätze ausgestellt: ein von Volvinio geschaffener Altar aus Gold und Silber mit Reliefdarstellungen aus dem Leben Christi und des heiligen Ambrosius; im Chor ein Ziborium aus dem 10. Jh. und das Mosaik der Apsis, teilweise noch aus dem 8. Jh. In der Krypta sind die Gebeine des heiligen Ambrosius, des Gervasius und des Protasius beigesetzt. In der Kapelle S. Vittore in Ciel d'Oro kann man das einzige authentische Bildnis des

Hinter dem Castello Sforzesco erstrecken sich die Grünflächen des Ende des 19. Jahrhunderts angelegten Parco Sempione mit Denkmälern, Brunnen und einem kleinen See.

heiligen Ambrosius besichtigen. Vom linken Seitenschiff führt eine Tür zum Portico della Canonica von Bramante mit dem **Kirchenmuseum** (→ S. 68). Dessen wertvolle Ausstellungsstücke dokumentieren das jahrhundertealte Bestehen der Kirche. Das Oratorium der Passion, geschmückt mit Fresken von Bernardino Luini, beherbergt Ausstellungen zeitgenössischer Kunst zu religiösen Themen.
Piazza Sant'Ambrogio 15; Metro: M 2/ Sant'Ambrogio (b 2/3); 12–14.30 Uhr geschl.

Sant' Eustorgio ⇢ S. 117, F 17

Die dreischiffige Basilika wurde im 9. Jh. neu aufgebaut. Vorne im rechten Schiff befinden sich römische Grabstätten, die zusammen mit den Reliquien der Heiligen Drei Könige im 4. Jh. ein Geschenk von Kaiser Konstantinus für den Bischof S. Eustorgio gewesen sein sollen. Sehenswert sind die Fresken von Foppa, die die Geschichte des heiligen Petrus erzählen.
Piazza Sant' Eustorgio; Tram 3; tgl. 7.30–12 und 16–18 Uhr

San Gottardo in Corte ⇢ S. 114, A 16

Im Inneren der Kirche aus dem 14. Jh. befinden sich ein wunderschönes Fresko der Giotto-Schule sowie ein Grabmal von Azzone Visconti.
Via Pecorari; Metro: M 1, M 3/Duomo (b 2)

San Lorenzo ⇢ S. 113, F 12

Die Basilika San Lorenzo ist das majestätischste und älteste Gotteshaus der gesamten Christenheit, das über einen Zentralgrundriss verfügt. Sie wurde bereits Ende des 4. Jh. erbaut, Mitte des 17. Jh. wurde die gewaltige Kuppel hinzugefügt, die Fassade schließlich stammt aus dem 19. Jh.

Der Kirche angeschlossen ist die Kapelle **Sant'Aquilino**, die ursprünglich als kaiserliches Mausoleum diente. Vor der Kirche erheben sich 16 Marmorsäulen, die während des 4. Jh. als Teil des Atriums verwendet wurden. Sie gehen vermutlich auf die spätkaiserliche Zeit zurück, ihre genauere Herkunft ist allerdings nicht gesichert.
Corso di Porta Ticinese 39; Bus 3

San Marco ⇢ S. 114, A 14

In dieser Kirche aus dem 13. Jh. ist vor allem ein Fresko aus der Leonardo-Schule im linken Schiff sehenswert.
Piazza San Marco; Metro: M 3/Turati (b 2); tgl. 7.30–12 und 16–19 Uhr

Santa Maria delle Grazie ⇢ S. 113, D 11

Die dreischiffige Kirche, in den Jahren 1466 bis 1490 von Cristoforo Solari errichtet, geht auf eine Stiftung des Grafen Gaspare da Vimercante zurück. 1492 wurden auf Geheiß von Ludovico il Moro das Querhaus und die Chorpartie abgebrochen, um für einen Zentralbau Platz zu machen. Nach den Entwürfen Bramantes entstand daraufhin einer der schönsten Renaissancebauten Mailands. Auffällig sind die klaren architektonischen Formen des Innenraums, die in deutlichem Kontrast zur kleinteiligen Außengliederung des Tambours stehen.

Ludovico il Moro war es wiederum, der Leonardo da Vinci beauftragte, im Refektorium des Dominikanerklosters sein weltberühmtes »Abendmahl« (→ S. 51) zu malen. Während des Zweiten Weltkriegs wurde das Gebäude schwer beschädigt, gut zehn Jahre (1955–1966) dauerten die Restaurationsarbeiten.
Piazza Santa Maria delle Grazie 1; Tram 16, 24; Di–So 8.15–13.45 Uhr, Mo geschl.

Santa Maria della Passione ⇢ S. 114, C 15

Nach dem Dom ist Santa Maria della Passione die zweitgrößte Kirche der Stadt. Mit ihrem Bau wurde 1485 begonnen, die Kuppel schuf 1530 Cristoforo Solari. Bemerkenswert ist vor allem die wunderbare Barockfassade der Kirche. Im Inneren lassen sich Fresken und Gemälde verschiedener lombardischer Meister bewundern,

Die spätromanische Kirche Sant'Ambrogio (→ S. 61) birgt die Gebeine des heiligen Ambrosius, im 4. Jahrhundert Bischof von Mailand und heute Schutzpatron der Stadt.

darunter auch das Fresko mit der »Madonna della Passione« aus dem 15. Jh., das der Kirche den Namen gab.
Via Conservatorio; Bus 13, 27; tgl. 7.30–12 und 16–18 Uhr

San Maurizio (Chiesa del Monastero Maggiore) ⇢ S. 113, E 11
Der Renaissancebau war einst Klosterkirche eines Benediktinerinnenstifts. Sehenswert ist vor allem der Nonnenchor, der u. a. mit Malereien von Bernardino Luini geschmückt ist. Rechts neben der Kirche liegt das ehemalige Monastero Maggiore mit dem **Archäologischen Museum.**
Corso Magenta/Ecke Via Luini; Bus 16; tgl. 9–12 und 14–17.30 Uhr

San Nazaro ⇢ S. 114, A 16
Die Kapelle Trivulzio entstand um 1500 nach einem Bramantino-Entwurf.
Piazza San Nazaro; Bus 16; tgl. 7.30–12 und 16–18 Uhr

San Satiro ⇢ S. 114, A 16
Gleich in der Nähe des Domplatzes verbirgt sich ein Juwel der Hochrenaissance: Die Kirche San Satiro mit ihrer herrlichen Kassettenkuppel ist das erste Mailänder Werk von Bramante. Hinter dem Hochaltar schaffen Stucksäulen und -bogen durch ihre Perspektive die Illusion einer echten Tiefenwirkung der Apsis. Sehenswert ist auch die Pietà aus Terrakotta von de Fondutis.
Via Speronari 3; Metro: M 1, M 3/Duomo (b 2); tgl. 7.30–12 und 15–18 Uhr

San Simpliciano ⇢ S. 113, F 10
Die Basilika San Simpliciano war Ende des 4. Jh. das letzte Auftragswerk des heiligen Ambrosius. Fertiggestellt wurde sie von seinem Nachfolger Simpliciano. Der ursprünglich einschiffige Raum erhielt im 7. Jh. eine dreischiffige Struktur und im 12. Jh. eine romanische Fassade sowie eine zweischiffige Apsis.
Piazza San Simpliciano 7; Metro: M 2/ Moscova (b 2); tgl. 7–12 und 15–18 Uhr

San Siro (Stadio Giuseppe Meazza) ⇢ S. 112, westl. A 9
Wenn die Innenstadt brodelt, Tausende junger Leute Fahnen schwingend und singend über den Domplatz zie-

Eine Opernbühne von Weltruf: das im 18. Jahrhundert im klassizistischen Stil erbaute Teatro alla Scala.

hen und Hunderte von Autos hupend die Straßen blockieren – dann ging es wieder einmal hoch her im Fußballstadion San Siro. Das Fußballmekka der italienischen Tifosi fasst 85 000 Zuschauer, wurde 1926 für den AC Milan gebaut, 1955 vergrößert und 1990 für die Fußballweltmeisterschaft mit einem Dach versehen. Seit 1980 heißt es auch G.-Meazza-Stadion – nach dem Fußballstar, der mit Italien 1934 und 1938 Weltmeister wurde.
Via Piccolomini 5; Bus 16 ab Metrostation Bande Nere (a 2); stündliche Führungen

Standbild Carlo Borromeo

→ S. 113, F 12

Dem Mailänder Kardinal Carlo Borromeo (1538–1584), vom Volk auf Grund seiner praktizierten Nächstenliebe geliebt und verehrt, wurde Anfang des 17. Jh. mit einer Statue von Dionigi Bussola ein Denkmal gesetzt.
Piazza Borromeo; Metro: M 1/ Cordusio (b 2)

Stazione Centrale (Hauptbahnhof)

→ S. 110, C 8

Der erste Eindruck einer Stadt kann kaum protziger sein: Der Mailänder Hauptbahnhof ist ein Monumentalgigant aus Marmor und Stein, angereichert mit einer spektakulären Gleisüberdachung aus Eisen und Glas. Blickt man nach oben, offenbaren sich die weiteren Besonderheiten eines der größten Kopfbahnhöfe Europas (36 m hoch, 207 m lang), recht eigenwillige architektonische Ornamente in neubarockem Stil. Erst 1931 endete die Bauzeit dieses steinernen Giganten, der 1912 nach den Entwürfen von U. Stacchini begonnen wurde.
Piazza Duca d' Aosta; Metro: M 2, M 3/ Centrale F. S. (b 2)

Teatro alla Scala

→ S. 114, A 15

Das wohl berühmteste Opernhaus der Welt ist mit den Namen bedeutender Komponisten und Interpreten verbunden wie kein anderes Theater: Verdi, Bellini, Donizetti, Puccini, Rossini, Callas, Toscanini ... 1775 bis 1778 wurde das Theater im klassizistischen Stil anstelle der Kirche Santa Maria della Scala von Giuseppe Piermarini erbaut. Von außen eher schlicht, ist das Innere von atemberaubender Eleganz. Der Saal mit Parkett, vier Rängen und zwei Galerien fasst über 3000 Zuschauer. Nach den Zerstörungen des Krieges konnte das Theater in seiner alten Form wiederhergestellt werden; am 11. Mai 1946 eröffnete Arturo Toscanini mit einem Sinfoniekonzert die neue Ära. Ein echtes Spektakel erlebt man stets am 7. Dezember zur Eröffnung der Saison: Die Reichen und Berühmten des Landes geben sich in ihrer nobelsten Garderobe dem Musikgenuss hin.
Piazza della Scala; Metro: M 1, M 3/ Duomo (b 2)

Torre Branca – Mailand von oben
Milano by night, ein Blick von oben auf das Lichtermeer – das ist ein unvergesslicher Eindruck! Nach langer Renovierungszeit wurde jetzt die 1933 anlässlich der Triennale nach Plänen des Architekten Giò Ponti erbaute Torre Branca wieder geöffnet. Mit einem Fahrstuhl kann man zu einer Aussichtskabine fahren und den Blick von oben genießen. Auch am Tag lohnt sich der Abstecher in der Mailänder Himmel. Bei schlechtem Wetter bleibt der Turm geschlossen.
Viale Alemagna; Metro: Mi, M2/Cadorna (b 2), Mo, Di 21.30–0.30, Mi–Sa 10.30–12.30, 15.30–18.30 und 21.30–0.30, So 10.30–18.30 und 21.30–0.30 Uhr

Torre Velasca ⇢ S. 114, A 16
99 m hoch – und mit Rücksicht auf die »Madonnina«, die jedes Gebäude Mailands überragen sollte, keinen Meter höher – ist der moderne Torre Velasca. Der Turm, der seinen Namen zu Ehren des spanischen Gouverneurs Don Fernandez de Velasca trägt, wurde zwischen 1951 und 1958 von den Architekten di Belgioioso, Pereddutti und Nathan Rogers erbaut.
Piazza Velasca; Metro: M 3/Missori (b 3)

Università Statale (Ca' Grande) ⇢ S. 114, B 16
In den Gemäuern des ehemaligen **Ospedale Maggiore** aus dem 15. Jh. werden heute Rechts- und Geisteswissenschaften gelehrt. Bis 1942 diente die Anlage als städtisches Krankenhaus. Mit dem Bau des ersten Mailänder Hospitals am östlichen »naviglio« wurde 1457 unter Francesco Sforza (nach den Plänen des Florentiners Filaretes) begonnen. 1465 führten Solari und Amadeo das Werk fort, was sich gut im Baustil nachvollziehen lässt, der eine Mischung aus gotischen und Renaissanceformen darstellt.

Um einen großen Mittelhof gruppieren sich acht kleine Höfe. Der Mittelteil der Fassade mit Portal und Kirche stammt von Ricchini. Die äußere Gestaltung mit Terrakottaverkleidung wurde zum Vorbild vieler Mailänder Fassaden. Es lohnt sich ein Blick in den prächtigen Universitätshof – besorgen Sie sich am besten ein Buch aus der Buchhandlung Ceum, holen Sie sich ein »panino« aus der Bar, und mischen Sie sich unter die Studenten!
Via Festa del Perdono; Metro: M 3/Missori (b 2)

Villa Reale ⇢ S. 114, B 14
Im Auftrag Ludovico di Belgioiosos schuf der Wiener Architekt Leopold Pollak 1790 dieses schöne klassizistische Gebäude, dessen prachtvolle Hauptfront dem See zugewandt ist, der im angrenzenden Park angelegt wurde. Nach dem Einmarsch französischer Truppen war es Residenz Napoleons. Heute ist darin die **Civica Galleria d'Arte Moderna** untergebracht (→ S. 67). Traurige Berühmtheit erlangte die Villa Reale durch das Bombenattentat vom 28. Juli 1993.
Via Palestro 16; Metro: M 1/Palestro (c 2), Bus 65, 96, 97; tgl. 9–16, Sommer bis 18 Uhr

Villa Simonetta ⇢ S. 109, D 3
Sehenswertes Renaissancelandhaus von Ludovico il Moro. Es wurde 1547 von Dominico Giunti für den spanischen Vizekönig erweitert. Leider wurde die Villa im Zweiten Weltkrieg schwer beschädigt, konnte aber restauriert werden. Heute ist sie Sitz der **Civica Scuola di Musica.**
Via Stilicone 36; Bus 12, 14

La Zucca ⇢ S. 114, A 15
Er ist rot und bitter, man trinkt ihn bevorzugt mit Soda, Orangensaft oder pur auf Eis – den Campari. Davide Campari erfand den berühmten Aperitif vor über 100 Jahren in der legendären Bar La Zucca in der Galleria Vittorio Emanuele. 1
Piazza del Duomo, Galleria Vittorio Emanuele; Metro: M 1, M 3/Duomo (b 2); Di–So 9–21 Uhr, Mo geschl.

Museen und Galerien

Die Renaissance ist stark vertreten, doch Mailand mausert sich auch zum Zentrum für moderne Kunst.

Die Pinacoteca di Brera (→ S. 70) – zusammen mit den Uffizien in Florenz eine der bedeutendsten Kunstsammlungen Italiens.

Auf einer Reise in die künstlerische Vergangenheit der lombardischen Hauptstadt trifft man immer wieder auf den toskanischen Meister **Leonardo da Vinci**, der hier im Auftrag der Familie Sforza sowohl Hammer als auch Pinsel schwang. Von anderen Künstlern – wenn sie schon nicht selbst nach Mailand kamen – holte man sich doch immerhin einige Werke: Reiche Adelige und hohe Würdenträger haben zahlreiche Arbeiten großer Künstler zusammengesammelt und aufgekauft.

Eine der berühmtesten Gemäldesammlungen ist in der **Pinakothek Brera** zu besichtigen, ein Muss für jeden Kunstliebhaber. Im Anschluss daran warten noch 39 weitere Museen auf Ihren Besuch! Im Gegensatz zu den Kirchen haben die meisten städtischen Museen während der Mittagszeit geöffnet.

Einen schweren Schlag hat die Mailänder Kunstwelt im Jahr 1993 erlitten: Vor der **Galleria d'Arte Moderna** explodierte eine Bombe rechtsgerichteter Gruppen und richtete erheblichen Schaden an.

Kunst hat sich in Mailand mit seinen zahlreichen Galerien inzwischen auch zu einem bedeutenden Wirtschaftsfaktor entwickelt.

MUSEEN

Civica Galleria d'Arte Moderna

→ S. 114, B 14

Die Galerie für moderne Kunst in der ehemaligen Königsvilla aus dem Jahre 1790 zeigt italienische und europäische Malerei. Sie bietet einen Überblick über die Werke europäischer Künstler des 19. und 20. Jh. Zu bewundern sind unter anderem Bilder von van Gogh, Cézanne und Renoir. In einem Nebensaal ist das **Museum Marino Marini** mit Skulpturen und Gemälden des 1980 verstorbenen Künstlers untergebracht.

Via Palestro 16; Metro: M 1/Palestro (c 2); Di–So 9.30–17.30 Uhr, Mo geschl.; Eintritt frei

Civico Museo d'Arte Contemporanea

→ S. 114, A 16

Das Museum für zeitgenössische Kunst zeigt die jeweils aktuellsten Tendenzen der Malerei. Außerdem sind Werke von de Chirico, Sironi, Boccioni, Fontana und anderen Künstlern des Futurismus und der Metaphysik ausgestellt. Die CIMAC ist noch im zweiten Stock untergebracht, soll aber bald eine eigene »Niederlassung« bekommen.

Palazzo Reale, Piazza Duomo 12; Metro: M 1, M 3/Duomo (b 2); Di–So 9.30–17.30 Uhr, Mo geschl.; Eintritt 3 €

Civico Museo di Milano

→ S. 114, B 15

Das Museum beschreibt die lange Geschichte und Entwicklung der Stadt Mailand. Im Obergeschoss sind 30 Jahre italienischer Vergangenheit seit dem Ende des Zweiten Weltkriegs dokumentiert.

Via Sant' Andrea 6; www.museidelcentro.milano.it; Metro: M 1/San Babila (b/c 2); Infos: Tel. 02 76 00 62 45; Eintritt frei

Civico Museo del Risorgimento

→ S. 114, A 14

Hier werden Erinnerungsstücke aus den Kämpfen der Einigungsbewegung Italiens sowie Schaustücke aus den beiden Weltkriegen zur Schau gestellt.

Via Borgonuovo 23; Metro: M 3/Montenapoleone (b 2); Di–So 9.30–17.30 Uhr, Mo geschl.; Eintritt 4 €

Civico Museo di Storia Naturale

→ S. 114, C 14

Das Museum für Naturgeschichte wurde bereits 1838 mithilfe der Hinterlassenschaften zweier Naturforscher gegründet. Neben mineralogischen, zoologischen und paläontologischen Sammlungen ist im Museum auch ein wichtiges Zentrum für Naturforschung untergebracht.

Corso Venezia 55; Tel. 02 88 46 32 80; Metro: M 1/Palestro (c 2); Di–So 9–18 Uhr, Mo geschl.; Eintritt 4 €

Das Museo Poldi-Pezzoli (→ MERIAN-Tipp, S. 68) zeigt wertvolle Gobelins, Uhren, Waffen und Gemälde des gleichnamigen Kunstsammlers.

Civico Museo Studio di Francesco Messina → S. 113, F 12

Das Museum zeigt rund 80 Skulpturen und viele grafische Arbeiten des Bildhauers Messina. Es befindet sich in der ehemaligen Kirche San Sisto, die unter seiner Leitung renoviert wurde.

Via S. Sisto 4A; Bus 3, 14, 2; Di–So 9.30–12.30, 13.30–17.30 Uhr, Mo geschl.; Eintritt frei

Museo Bagatti Valsecchi → S. 114, B 15

Ein ungewöhnliches »Wohn-Museum« in den Gemäuern des einstigen Wohnhauses der adligen Brüder Bagatti Valsecchi (1883). In den einzelnen Sälen sind herrliche Keramiken, Teppiche, Möbel, Gemälde, u.a. von Bellini, und Waffen ausgestellt. In der Camera Rossa befindet sich ein komplett eingerichtetes antikes Kinderzimmer, das Speisezimmer birgt eine Sammlung antiker Küchengeräte.

Via Gesù 5; Metro: M 3/Montenapoleone (b 2); www.museobagattivalsecchi.org; Di–So 13–17.45 Uhr, Mo geschl.; Eintritt 6 €, Mi 3 €, Kombiticket mit Museo Poldi-Pezzoli 8 €

Museo della Basilica di Sant' Ambrogio → S. 113, E 12

Hier werden kostbare Antiquitäten und Schätze aus der 1600-jährigen Geschichte der Ambrosiusbasilika aufbewahrt. Sehenswert sind insbesondere die sakralen Goldschmiedearbeiten aus dem 12. bis 16. Jh. Auch das antike Bettgestell des heiligen Ambrosius kann man besichtigen.

Piazza Sant'Ambrogio 15; Metro: M 2/ Sant' Ambrogio (b 2/3); Di–Fr 9.30–12 und 14.30–18 Uhr, Mo und Fei geschl.; Eintritt 2 €

Museo del Castello Sforzesco → S. 113, E 10

Die Pinakothek mit Werken von Tintoretto, Mantegna, Bellini befindet sich im 1. Stock. Im Erdgeschoss ist die Pietà Rondanini von Michelan- 8

MERIAN-Tipp

9 Museo Poldi-Pezzoli

Der Kunstsammler Gian Giacomo Poldi-Pezzoli hinterließ 1871 seine zusammengetragenen Meisterwerke als Kunststiftung. Das Besondere an diesem Museum sind die Ausstellungsräume: Die 25 Säle wurden originalgetreu im Stil der Romantik restauriert und zeugen vom ästhetischen Stil der Epoche. Zu sehen gibt es wertvolle Teppiche, Uhren, Gobelins, Waffen und Gemälde.

Via A. Manzoni 12 (nahe Piazza della Scala); Metro: M 3/Montenapoleone (b2); www.museopoldipezzoli.it; Di–So 10–18 Uhr, Mo und Fei geschl.; Eintritt 8 €, Kinder 5,50 € → S. 114, A 15

gelo, in Saal 3 das Reiterstandbild von Visconti di Bonino sehenswert. Daneben gibt es eine wertvolle Briefmarkensammlung mit über 1 Mio. Exponaten, eine archäologische und numismatische Abteilung mit prähistorischen und ägyptischen Funden sowie eine kunsthistorische Sammlung.
Piazza Castello; Metro: M 1/Cairoli (b 2); Di–So 9–17.30 Uhr, Mo geschl.; Eintritt 3 €

Museo del Cinema e Cineteca Italiana → S. 114, B 14

Im Filmmuseum können Sie Sammlungen zur Geschichte des Films (Fachbibliothek, Fotothek, Filmarchiv, Plakate und vieles mehr) besichtigen.
Palazzo Dugnani, Via Manin 2; Metro: M 3/Turati (b 2); www.cinetecamilano.it; Fr, Sa, So 15–18 Uhr, Mo–Do geschl.; Eintritt 4 €

Museo d'Arte e Scienza → S. 113, F 10

Können Sie gefälschte Antiquitäten von echten unterscheiden? Hier können Sie es üben: Keramiken, Gemälde, Möbel. Sie dürfen alle Ausstellungsstücke befühlen, betasten und auf ihre Echtheit überprüfen. Neben dem wissenschaftlichen Labor zur Echtheitserkennung ist in dem Museum auch eine Dauerausstellung über Leonardo da Vinci zu sehen.
Via Sella 4 (Piazza Castello); www.museoartescienza.com; Metro: M 1/Cairoli (b 2); Mo–Fr 10–18, Sa 10–14 Uhr; Eintritt 6 €

Museo della Criminologia e Armi Antiche → S. 113, D 12

Ein Museum für Hobbykriminologen und Liebhaber antiker Waffen.
Pusterla di Sant' Ambrogio; Metro: M 2/Sant'Ambrogio (b 2/3); tgl. 10–13 und 15–19.30 Uhr; Eintritt 8 €, Studenten und Kinder 3 €

Museo del Duomo → S. 114, A 16

Das Dommuseum erzählt in zwölf Räumen anhand von Dokumenten und Modellen die Geschichte des Mailänder Doms. Ausgestellt sind Studien, Zeichnungen, Holzmodelle sowie Originalentwürfe für die Domstatuen aus dem 17. und 18. Jh.
Metro: M 1, M 3/Duomo (b 2); tgl. 9.30–12.30 und 15–18 Uhr; Eintritt 6 €, ermäßigt 3 €

Museo Manzoniano → S. 114, A 15

In diesem Haus lebte und starb der Schriftsteller Alessandro Manzoni (1814–1873). Im Erdgeschoss befindet sich sein Arbeitszimmer, im ersten Stock kann man das Esszimmer und den Salon mit der Originaleinrichtung von 1861 besuchen.
Via Morone 1; Metro: M 3/Montenapoleone (b 2); Di–Fr 9–12 und 14–16 Uhr, Sa, So, Mo geschl.; Eintritt frei

Museo Nazionale della Scienza e della Tecnica Leonardo da Vinci → S. 113, D 12

Zu sehen sind nach den Entwürfen Leonardo da Vincis hergestellte Modelle; außerdem lernt man vieles über Luftfahrt, Transportmittel, Elektrik. Im Nebenhaus zeigt das **Museo Navale Didattico** diverse Schiffsmodelle.
Via San Vittore 19/21; Metro: M 2/Sant' Ambrogio (b 2), Bus 50, 54, 96, 97; www.museoscienza.org; Di–Fr 9.30–17, Sa, So 9.30–18.30 Uhr, Mo geschl.; Eintritt 8 €, ermäßigt 6 €

Museo Pòpoli e Culture → S. 112, A 10

Das Museum für orientalische und ethnische Kunst wurde 1856 gegründet, als der Mailänder Missionar Carlo Salerio mit vielen Schätzen von seiner Reise zurückkehrte. Zu besichtigen sind etwa Kunst- und Keramikstücke, Folklore und Gemälde aus Indien, Japan, China und Lateinamerika.
Via Mosè Bianchi 94; Metro: M 1/Lotto (a 2); tgl. 9–12 und 14–18 Uhr, Sa geschl.; Eintritt frei

Museo Storico Alfa Romeo → Umschlagkarte hinten, c 3

Ein Muss für jeden Alfa-Fan. Zu besichtigen gibt es unter anderem den

Brabham-Alfa von Niki Lauda sowie einige faszinierende Prototypen.
Arese, Viale Alfa Romeo; So–Fr 9–12 und 14.30–16.30 Uhr, Sa geschl.; freier Eintritt an Feiertagen

Museo Teatrale alla Scala

→ S. 113, D 11

Faszinierende Dokumentation zur Geschichte des Theaters im Allgemeinen und der Mailänder Scala im Besonderen – Musikinstrumente, Partituren, Briefe, Skulpturen. Das Museum wurde 1913 gegründet und umfasst neben den Exponaten zur Geschichte der Scala auch wertvolle Sammlungen zum antiken griechischen und römischen Theater. Besonders beeindruckend ist die Verdi-Sammlung, die in zwei Sälen untergebracht ist und eine reiche Bilddokumentation zum Leben Giuseppe Verdis zeigt. Das Theatermuseum drohte schon längere Zeit aus allen Nähten zu platzen, daher ist es 2002 in den Palazzo Busca umgezogen.
Palazzo Busca, Corso Magenta 71; Tel. 0 28 05 34 18; www.teatroallascala.org; Metro: M1/Conciliazione (b 2), M3/ Cadorna (b 2); tgl. 9–12.30 und 13.30–17.30 Uhr; Eintritt 5 €, ermäßigt 4 €

Pinacoteca Ambrosiana

→ S. 113, F 12

Die Pinakothek ist zusammen mit der Bibliothek im Palazzo dell'Ambrosiana untergebracht. Der Palazzo wurde 1608 zu Ehren von Kardinal Federico Borromeo erbaut. Die in den 14 Sälen ausgestellten Kunstwerke sind von unschätzbarem Wert, finden sich doch Gemälde von Caravaggio, Raffael, Tizian und Bruegel darunter.
Piazza Pio XI 2; Metro: M 1, M 3/Duomo (b 2); www.ambrosiana.it; Di–So 10–17.30 Uhr, Mo geschl.; Eintritt 8 €

Pinacoteca di Brera

→ S. 114, A 14

Die Sammlung beherbergt 2500 Werke vorwiegend italienischer Meister des 14. bis 20. Jh., die in über 40 Sälen ausgestellt sind. Zu besichtigen sind etwa die »Auffindung der Gebeine des hl. Markus« von Tintoretto, die »Vermählung der Jungfrau« von Raffael, »Toter Christus« von Andrea Mantegna sowie Meisterwerke von Tizian, Raffael, Caravaggio, Luini, Tiepolo, Bellini und Rubens. Mit den Stiftungen Jesi und Jucker, zwei bedeutenden privaten Mailänder Kunstsammlungen, wird auch der modernen italienischen Kunst zwischen 1910 und 1930 mit Werken von Boccioni, Sironi, De Pisis und Morandi Rechnung getragen.
Via Brera 28; Metro: M 2/Lanza (b 2), Bus 43, Tram 1, 4, 8, 12; www.brera.beniculturali.it; Di–Sa 9–17.30, So, Fei 9–19.15 Uhr, letzter Einlass 45 Min. früher! Mo geschl.; Eintritt 5 €, ermäßigt 2,50 €

Galerien

Alfredo Pieramati

→ S. 117, D 17

Alfredo Pieramati ist der Künstler-Poet des alten Mailand. In seiner Galerie findet man die Stadt, wie sie einmal war, auf Gemälden, Drucken etc.
Alzaia Naviglio Grande 4; Metro: M 2/ Porta Genova F.S. (b 3); tgl. 10–13 und 15–18 Uhr

Fondazione Mazzotta

→ S. 109, F 11

Immer wieder wechselnde, teilweise hochkarätige Ausstellungen. Den Ausstellungsraum verdankt Mailand dem Kunstbuchverleger Mazzotta.
Foro Bonaparte 50; www.mazzotta.it; Metro: M 1/Cairoli; tgl. außer Mo 10-19.30 Uhr; Eintritt 8 €

Fondazione Prada

→ S. 115, D 16

Das Unternehmen Prada profiliert sich nicht nur in der Mode, sondern auch in der Kunst, es macht sich durch Ausstellungen bedeutender zeitgenössischer Künstler in der Fondazione Prada einen Namen.
Via Spartaco 4; Bus 84

Gio Marconi

→ S. 114, C 14

Eine der wichtigsten Galerien der Stadt. Hier sind Werke von Fontana, Pomodoro und Paolini zu sehen.
Via Tadino15; Metro: M 1/Porta Venezia (c 2); tgl. 10–12 und 15–18 Uhr

Spaziergänge und Ausflüge

Eine Stadtrundfahrt mit der Trambahn – hier vor der Basilika San Lorenzo (→ S. 62) – ist eine preisgünstige und abwechslungsreiche Variante der Sightseeing-Tour.

Vom Schaufensterbummel in einem der teuersten Modeviertel der Welt bis hin zum »Wasserstraßen-Spaziergang«, wo Sie eine Auszeit von der Großstadthektik nehmen können.

Das elegante Mailand

Charakteristik: Ein schöner Spaziergang im Herzen der Stadt, der Sie auch in das Boheme-Viertel Brera bringt; **Dauer:** 2 Stunden; **Länge:** ca. 3 km; **Einkehrmöglichkeiten:** Biffi, Bar Giamaica; **Karte:** ---> S. 113 und 114

Domplatz ---> Parco Sempione

Gönnen Sie sich am **Domplatz** erst einmal einen Cappuccino bei Biffi in der Galleria. So gestärkt biegen Sie in die Via Mercanti ein und statten der Piazza Mercanti – Zentrum des mittelalterlichen Mailand mit dem 1233 erbauten **Palazzo della Ragione** und der **Loggia degli Osii** von 1316 – einen kurzen Besuch ab. Weiter auf der Via Mercanti kommen Sie zur belebten Piazza Cordusio. Postkarten oder Briefe aufzugeben? Linker Hand befindet sich die Hauptpost. Weiter geht es auf der rechten Seite, entlang der Via Dante. Wenn Sie nach einigen Metern einen Abstecher nach rechts machen, stehen Sie vor Giorgio Strehlers berühmtem **Piccolo Teatro**. Die Via Dante führt Sie zum Castello Sforzesco. Nehmen Sie sich etwas Zeit für einen Rundgang durch das Schloss, nach dessen Vorbild der Kreml in Moskau errichtet wurde. Gleich dahinter liegt 6 der **Parco Sempione**, eine 42 ha große Anlage, wo Hundebesitzer ihre vierbeinigen Freunde spazieren führen, Kinder herumtoben und sich Verliebte innig umschlingen.

Via Gadio ---> Domplatz

Über die Via Gadio verlassen Sie den Park. Vorbei am Aquarium, dann über die Foro Buonaparte gelangen Sie zur Via Tivoli. Die Via Pontaccio bringt Sie nun direkt ins Boheme-Viertel **Brera**. Zunächst stoßen Sie auf die Piazza San Marco mit der gleichnamigen Kirche von 1254. Wenige Schritte später kreuzen sich die Via Solferino und die Via Brera. In der Via Solferino 28 hat der »Corriere della Sera« seinen Sitz. Haben Sie sich an den hübschen Läden in der Via Solferino satt gesehen, gehen Sie zurück zur Kreuzung und folgen der Via Brera. Sie spazieren vorbei an der legendären Bar Giamaica (Nr. 32), wo sich einst Journalisten, Schriftsteller und Künstler zum politisch-intellektuellen Austausch bei einem Drink trafen – und das bis heute bisweilen noch tun. Nächste Station ist die Via Brera Nummer 28: der **Palazzo di Brera.** Nach dem Kunstgenuss folgen Sie der Straße weiter, die bald zur Via Verdi wird. Auf die Piazza della Scala mündet ein Arm der Galleria Vittorio Emanuele. Folgen Sie ihm und Sie gelangen wieder zum Domplatz.

Die Piazza Cordusio mit dem Hauptpostamt ist ein zentrales Drehkreuz der Stadt.

Auf den Spuren der Vergangenheit

Charakteristik: Ambrosius, Leonardo, Federico und Carlo Borromeo – »Helden« der Geschichte Mailands, denen Sie auf diesem Spaziergang begegnen; **Dauer:** 2 Stunden; **Länge:** 3,5 km; **Einkehrmöglichkeiten:** Caffè Carducci; **Karte:** → S. 113 und 114

Domplatz → Sant'Ambrogio

Ausgangspunkt ist wieder der Domplatz. Gehen Sie am Domcenter in der Via Marconi vorbei, Richtung Piazza Diaz. Rechts biegen Sie in die Via Dogana, dann links in die Via Mazzini und gleich wieder rechts in die Via Speronari ein. Auf der Via Torino schließlich halten Sie sich links – und stehen gleich vor der Kirche **San Satiro**, die dem heiligen Satyrus, dem Bruder des heiligen Ambrosius, geweiht ist. Von der Piazza Beltrade folgen Sie der Via Asole und kommen zur **Piazza San Sepolcro** mit der dem heiligen Grab geweihten romanischen Kirche (8 bis 18 Uhr geöffnet). In dem Gebäude gegenüber, dem **Palazzo Castani**, gründete Benito Mussolini 1919 den Vorläufer der Partita Nazionale Fascista, den Fascio di combattimento (»Kampfbund«).

Hinter der Kirche befindet sich der **Palazzo dell'Ambrosiana** (1603) mit der **Biblioteca Ambrosiana** (tgl. 9.30–17 Uhr, Sa geschl.), die über 400 000 Bücher verfügt, darunter der »Codex atlanticus« von Leonardo da Vinci. In der **Pinacoteca Ambrosiana** sind Werke von Botticelli, Raffael und Tizian ausgestellt. Über die Via Bollo gelangen Sie dann zur Piazza Borromeo. Hier lernen Sie ein Stück historisches Mailand kennen: enge Gassen, kleine Handwerkstätten und elegante, hochherrschaftliche Häuser. Zu diesen zählt auch der **Palazzo Borromeo** aus dem 15. Jh., Sitz der aus Padua stammenden Familie, die zwei Persönlichkeiten hervorbrachte, die Ihnen in der Geschichte Mailands immer wieder begegnen: die Kardinäle Federico und Carlo Borromeo. Folgen Sie dann der Via Sant'Orsola, die in die Via Cappuccio mündet. Die Via Santa Valeria bringt Sie nun zu einem bedeutenden Mailänder Heiligtum, zur **Basilica di Sant'Ambrogio.** 7

Sant'Ambrogio → Corso Magenta

Sehen Sie die Säule neben dem Eingang zum Vorhof der Basilika? Die zwei Löcher an der Basis stammen der Legende nach von den Hörnern des Teufels. Wutentbrannt über die Standfestigkeit des Bischofs Ambrosius, soll er seinen Kopf in die Säule gerammt haben … Durch das Portal gelangen Sie in das Gotteshaus, in dem Ambrosius 387 begraben wurde. Das Innere wirkt schlicht, ganz im Gegensatz zum Altar, der mit Gold, Silber und 400 Edelsteinen verziert ist. Durch das **Pusterla-Wehrtor** erreichen Sie die Via San Vittore. Für einen Snack könnten Sie im Caffè Carducci (Nr. 2) einkehren, vor oder nach dem Besuch im Museo Nazionale della Scienza e della Tecnica di Leonardo da Vinci (Nr. 21).

Corso Magenta → Domplatz

Frisch gestärkt biegen Sie in die Via Zenale ein, die Sie zum Corso Magenta mit der Kirche **Santa Maria delle Grazie** bringt. Im Refektorium wartet das »Abendmahl« auf Sie, falls Sie rechtzeitig Karten reserviert haben. 3
Nun gehen Sie weiter auf dem Corso Magenta. In strahlendem Gold leuchtet schon von Weitem einer der elegantesten Paläste Mailands: der **Palazzo Litta**. Ganz in der Nähe befindet sich das **Archäologische Museum** (Nr. 19) und am Ende des Corso die Kirche **San Maurizio**, wo im Herbst hochkarätige Barockkonzerte stattfinden.

Am Ende der Via Meravigli stehen Sie erneut vor der Piazza Cordusio und sind kurz darauf wieder am Domplatz. Es sei denn, Sie haben Lust auf kulinarische Höhenflüge: Dann empfehle ich den **Gourmet-Tempel Peck!**

9 Im Modemekka: Via Montenapoleone & Co.

Charakteristik: Vorab ein Warnhinweis – dieser Spaziergang könnte Sie um eine ganze Menge Euro ärmer und einige Einkaufstaschen reicher machen; **Dauer:** 1 Stunde; **Länge:** ca. 3 km; **Einkehrmöglichkeiten:** La Rinascente, Bagutta; **Karte:** ---> S. 77

Domplatz ---> Civico Museo di Milano
Auch den Ausflug ins Reich der Mode beginnen Sie wieder am **Domplatz.** Bummeln Sie am Dom entlang zum Corso Vittorio Emanuele. Vorbei am **La Rinascente,** einem der schönsten Kaufhäuser Europas, kommen Sie zur Fußgängerzone. Von der Piazza Babila biegen Sie links in den Corso Matteotti ein – und voilà: Die zweite Querstraße ist die berühmte **Via Montenapoleone.** Ebenso wie die Via della Spiga, Via Santo Spirito, Via Sant'Andrea, Via Gesù bietet sie »alta moda« – und solche Preise, so weit das Auge reicht. Wie wäre es mit dem Kostüm von Milla Schön, einem Täschchen von Louis Vuitton, dazu ein Schmuckstück von Bulgari? Auch wenn die Urlaubskasse dazu nicht reicht – genießen Sie das Stöbern im Superluxus! Auch viele US-Filmstars nutzen einen Europaaufenthalt zum Einkaufstrip in Mailands »Goldenem Dreieck«. Sie brauchen keine Schwellenangst zu haben, auch wenn die Verkäuferinnen selbst aussehen, als wären sie frisch einem Hochglanzmagazin entsprungen.

Wie wär's zwischendurch mit einer kleinen Köstlichkeit von **Cova** (Nr. 8), einer der besten Konditoreien der Stadt? Und nach dem Modegenuss bietet sich ein Abstecher in die Geschichte der Metropole an: In der Via San Andrea Nummer 6, im **Palazzo Morando,** erwartet Sie das **Civico Museo di Milano.**

Auf Shopping-Tour in der Via Montenapoleone. Im sogenannten »Goldenen Dreieck« sind alle Top-Designer vertreten, nirgendwo sonst wird man elegantere Outfits finden.

Piazza San Babila ⇢ Corso Buenos Aires

Genug in unerschwinglichem Luxus geschwelgt? Dann führe ich Sie nun in erreichbarere Modegefilde! Gehen Sie zurück zur Piazza San Babila. Falls Sie Lust auf eine Mittagspause haben, können Sie zuvor in die Via Bagutta einbiegen. Dort findet sich das berühmte Ristorante **Bagutta** (→ S. 23), wo alljährlich der »Premio Bagutta«, einer der bedeutendsten italienischen Literaturpreise, verliehen wird – die Küche ist ausgezeichnet.

Von der Piazza San Babila kommen Sie entweder zu Fuß – den Corso Venezia entlang, vorbei an den **Giardini Pubblici**, am **Museo di Storia Naturale** und am **Planetarium** – oder mit der Metro (Porta Venezia) zum **Corso Buenos Aires**, der Hauptverbindungsstraße zwischen der City und der Industriezone außerhalb der Stadt und mit über 350 Geschäften einer der größten Einkaufsboulevards Europas. Und dort lässt sich so mancher heißer Fummel finden, denn die Designer in Mailand sind immer einen Tick voraus, die Läden voll mit den Klamotten der nächsten Saison. Aber die von der letzten Saison müssen vorher raus, daher der frühe Schlussverkauf.

Kanäle, Brücken, Boote – Mailand am Wasser

Charakteristik: Wussten Sie, dass Mailand am Wasser liegt? Auf diesem Spaziergang können Sie es herausfinden! **Dauer:** 1 Stunde; **Länge:** ca. 3 km; **Einkehrmöglichkeiten:** Scimmie; **Karte:** ⇢ S. 78 und S. 116, F 17–D 18

Dieser Ausflug in einen unbekannten, aber umso faszinierenderen Stadtteil Mailands beginnt an der **Piazza XXIV Maggio**, zu der Sie vom Domplatz die Tram 15 bringt. Von der Piazza steigen Sie hinauf zur **Darsena**, dem alten Hafenbecken. Salami, Socken, Schafkäse, buntes Gewühl und malerische Stände – hier ist vormittags der **Mercato Comunale**, wo sich die Hausfrau ihre Körbe mit frischem Gemüse füllt. Vis-a-vis herrscht jeden Samstag großer Andrang: Der Flohmarkt **Fiera di Senegallia** lockt Händler und Kauflustige an. Schon jetzt haben Sie einen wunderbaren Blick auf die Wasserstraßen Mailands. Der größeren von beiden, dem **Naviglio Grande**, folgen Sie am rechten Ufer. Dort trifft sich am letzten Sonntag jeden Monats ganz Mailand, um den **Mercatone dell'Antiquariato** nach Brauchbarem zu durchstöbern.

Nach wenigen Schritten stoßen Sie auf den **Vicolo Lavandai**, die Gasse der Waschfrau. Viele der schmucken Häuschen werden heute von Künstlern bewohnt. Die Kirche, die Sie sehen, ist **Santa Maria delle Grazie al Naviglio**. Überqueren Sie die Brücke zur linken Kanalseite, der **Ripa di Porta Ticinese**. Folgen Sie der Via Paoli bis zur Piazza Arcole. Von der Piazza geht es links weiter entlang der Via Magolfa. Nun gelangen Sie zum **Naviglio Pavese**. Nach ein paar hundert Metern überqueren Sie den Naviglio und gehen die Via Ascanio Sforza entlang. Abends treffen hier die Nachtschwärmer aus der City ein, essen eine Pizza in einem der kleinen Lokale, im Sommer bevorzugt in einem Hausboot auf dem Wasser – und lauschen dem Jazz bei **Scimmie** (→ MERIAN-Tipp, S. 38).

Wenn Sie genug gesehen haben, folgen Sie der Via Ascanio Sforza. Vorbei am Kirchlein **San Gottardo al Corso** gelangen Sie zurück zum Ausgangspunkt Ihres Spaziergangs.

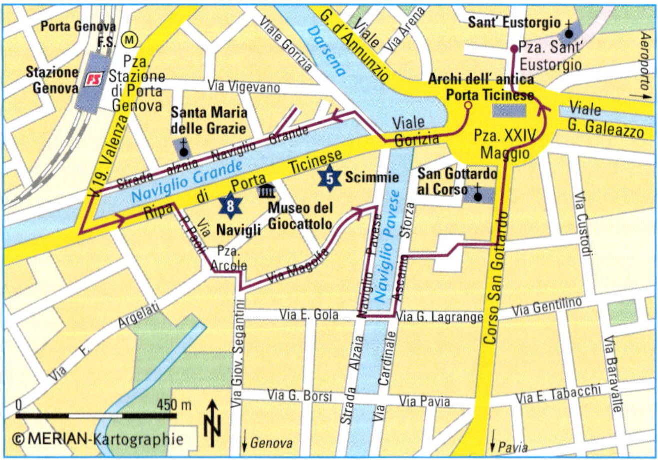

Mit der Trambahn auf Sightseeing-Tour

Charakteristik: Die Spazierfahrt führt Sie immer am Rand der historischen Stadtgrenzen entlang; **Dauer:** 1 Stunde (ohne Besichtigungen); **Kosten:** normale Tram (Linie 29) 1 €, »Tram Turistico Ciao Milano« 20 € (Start an der Piazza della Repubblica um 11, 13 und 15 Uhr); **Einkehrmöglichkeiten:** Ricci; **Karte:** ⋯› S. 80

Piazza della Repubblica ⋯› Cimitero Monumentale

Die Stadtrundfahrt mit der klapprigen, grellorangefarbenen Trambahn beginnen Sie am besten an der **Piazza della Repubblica.** Während Sie auf die Trambahn warten, könnten Sie Ricci (Nummer 27, Samstag geschlossen) einen kurzen Besuch abstatten – und seinen wunderbaren Cappuccino genießen. Machen Sie es sich dann in der Trambahn zwischen Angestellten, Arbeitern und Managern bequem, die sich gerade – in den »Corriere della Sera« oder in die rosa gefärbte »Gazzetta dello Sport« vertieft – zu ihrem

Die Stadt der Mode und des Designs leistet sich erstaunlich altertümliche öffentliche Verkehrsmittel, wie die Trambahnlinie, die rund um die Altstadt fährt.

Arbeitsplatz chauffieren lassen. Nachdem Sie den zweitgrößten Bahnhof Mailands, die **Stazione Porta Garibaldi**, passiert haben, kommen Sie zum

4 **Cimitero Monumentale**, den Sie unbedingt besichtigen sollten. Die Grabmäler sind schlicht einzigartig zu nennen – jedes Grab ein kleines Kunstwerk für sich. Sehenswert ist auch das gigantische Grabmal von »Aperitif-König« Davide Campari: Jesus und seine Jünger beim Abendmahl.

Cimitero Monumentale ···>
Porta Romana

Die Trambahn rattert weiter zum Corso Sempione, vorbei am **Arco della Pace** zur Piazzale Baracca. An der Piazzale Aquileja, der übernächsten Station, legt die Tram eine kurze Wartepause ein. Anschließend fahren Sie dann, vorbei an der **Darsena**, zur **Porta Ticinese**, einem der beiden noch erhalten gebliebenen mittelalterlichen Stadttore.

Weiter geht's zur **Porta Ludovica** und **Porta Romana**. Letztere wurde 1598 anlässlich der Hochzeit Marias von Österreich mit Philipp III. von Spanien errichtet; sie war ein Teil der spanischen Mauern, die sich einst über 11 km rund um die Stadt zogen.

Porta Romana ···>
Piazza della Repubblica

Nach vier weiteren Stopps kommen Sie zur **Porta Vittoria** am **Piazzale Cinque Giornate**. Wieder einige Haltestellen weiter und Sie haben die **Porta Venezia** erreicht. Hier könnten Sie nun aussteigen und eine Verschnaufpause im Grünen in den **Giardini Pubblici** einlegen – oder gleich zwei weitere Stationen zur Piazza della Repubblica zurückfahren. In den weiten Anlagen der Giardini Pubblici sind das Museo di Storia Naturale, das Planetarium und die Villa Reale mit der Galleria d'Arte Moderna untergebracht. Außerdem gibt es jede Menge kleine Kioske, die Erfrischungen und kleine Snacks anbieten. Der perfekte Ort für ein bisschen Entspannung in der Großstadtoase.

Achtung: Die Trambahn fährt im Februar nicht!

Ausflüge in die Umgebung

Monza – Formel 1 und Mittelalter

Charakteristik: Bei Monza denkt man vor allem an Motoren und Meisterschaften, doch die Hauptstadt der Brianza hat auch kunsthistorisch einiges zu bieten; **Anfahrt:** Statale 36, Mailand-Monza; **Museo del Duomo:** tgl. 9–12 und 15–17 Uhr, So vormittags und Mo geschl.; **Autodromo Nazionale Monza:** Parco di Monza, Via Vedano 5; Tel. 03 92 48 21; **Dauer:** ca. 1/2 Tag; **Karte:** → Umschlagkarte, d 3

Im Mittelalter war Monza Krönungsstadt der langobardischen Könige – heute wird im Hauptort der Brianza, 15 km nordöstlich von Mailand gelegen, »nur« noch der schnellste Formel-1-Pilot gekürt. Unbedingt einen Besuch wert ist der **Duomo San Giovanni** aus dem 14. Jh. mit seiner Fassade aus weißem und grünem Marmor, dem mit romanischen Plastiken verzierten Portal und dem von Pellegrini entworfenen Glockenturm. In der fünfschiffigen Basilika befindet sich links vom Chor die Cappella della Regina Teodolinda. Auf dem Altar wird im Inneren eines Kruzifixes die eiserne Krone der Langobarden aufbewahrt. Seit dem 6. Jh. wurden insgesamt 34 Monarchen mit diesem Stirnband aus edelsteinverzierten Goldplatten mit einem eisernen Reifen – in den ein Nagel vom Kreuz Christi eingearbeitet sein soll – zu Königen der Lombardei gekrönt. Auch Napoleon I. und Ferdinand I. von Österreich trugen dieses wertvolle Stück auf ihrem Haupt.

Vom linken Kirchenschiff kommt man zum Museo del Duomo, das eine Vielzahl sehenswerter Kunstschätze beherbergt. In der Stadtmitte ist noch das **Arengario** erhalten, der Gemeindepalast aus dem 13. Jh., in dem sich das **Archäologische Museum** befindet. Doch das Hauptinteresse der Ausflügler gilt meist dem **Parco di Monza** (geöffnet 7–17.30 Uhr). Gleich am Eingang in der Viale Cavriga befindet sich ein Fahrradverleih. Am besten leihen Sie sich dort ein Fahrrad und durchqueren die 800 ha große Parkanlage auf dem Drahtesel.

Im südlichen Teil der Anlage liegt die **Villa Reale**, die ehemalige Königsresidenz und eines der bedeutendsten Bauwerke des Klassizismus in der Lombardei. Piermarini schuf dieses auch »Versailles der Lombardei« genannte Schloss im Jahr 1776 im Auftrag von Erzherzog Ferdinand von Österreich. Wenn Sie die Frischluft hungrig gemacht hat, können Sie in der Villa Reale übrigens so richtig stilvoll essen: im »Saint Georges Premier«, Eingang Porta Vedano.

Im Norden des Parks schließlich liegt das berühmte **Autodromo**, das 1922, basierend auf einer Initiative des Mailänder Automobilclubs, angelegt wurde. Auf der 5,8 km langen Bahn werden nationale und internationale Auto- und Motorradrennen veranstaltet. Tickets für das Formel-1-Rennen: Autodromo Nazionale Parco di Monza; Tel. 02 48 22 12.

Universitätsstadt Pavia

Charakteristik: Pavia war lange kultureller Mittelpunkt der Lombardei; im Mittelalter zählte es sogar zu den wichtigsten Städten Italiens; **Anfahrt:** Statale 35 Mailand–Pavia; **Kartause:** 9–11.30 und 14.30–18, im Winter bis 16.30 Uhr, Mo geschl.; **Auskunft:** APT, Corso Garibaldi 1, Pavia; **Dauer:** Tagesausflug; **Karte:** → Umschlagkarte hinten, c 5

Vor allem im **historischen Zentrum** (um San Michele, San Teodoro, Piazza della Vittoria) zeugen noch viele Gebäude, aber auch kleine architektonische Feinheiten wie Balkone und Portale von der einstigen Größe Pavias. Auch die Familie Visconti hatte eine Schwäche für dieses Städtchen und machte es zu einer kulturellen Hochburg der Lombardei. Noch heute gilt die **Universität von Pavia** (gegründet 1361) als eine der ältesten und berühmtesten Universitäten Italiens.

Sehenswert ist auch der **Dom**, ein gewaltiger Zentralbau von 1488, an dessen Errichtung Leonardo da Vinci und Bramante beteiligt gewesen sein sollen. Beeindruckend die Krönungskirche **San Michele** von 1117, ein Gotteshaus aus hellem Sand- und rotem Backstein mit reicher plastischer Verzierung. Einen der schönsten Befestigungsbauten der Lombardei schuf Galeazzo II. Visconti 1360 mit dem **Castello Visconteo**. Heute ist in dem Castell das Städtische Museum untergebracht. Was für Florenz der Ponte Vecchio, ist für Pavia der **Ponte Coperto**, eine mittelalterliche überdachte Brücke, die nach dem Krieg 1951 wieder aufgebaut worden war. Charakteristisch für Pavia sind auch die mittelalterlichen **Türme**. Von den ehemals 150 Türmen sind nur noch drei an der Piazza Leonardo da Vinci, zwei in der Via Porta und einer an der Piazza Borromeo erhalten.

Gian Galeazzo Visconti war es, der der Stadt die berühmte **Kartause** – ca. 7 km vor den Toren der Stadt gelegen – schenkte. Der Dichter Petrarca, oft zu Gast bei den Viscontis, bezeichnete die Kartause von Pavia schon damals als »vornehmstes unter den modernen Werken«. 1396 wurde mit dem Bau als Mausoleum für die Familie Visconti begonnen. 1402, mit dem Tod von Gian Galeazzo, folgte eine kurze Unterbrechung; 1473 unter den Sforza konnte der

Mittelalterliche Architektur in Pavia: Ponte Coperto (→ S. 83).

Komplex fertiggestellt werden. Die Anlage umfasst eine Kirche, der ein Atriumshof mit Foresteria vorgelagert ist; an der Südseite findet man den **Chiostro della Fontana** mit Refektorium, den Kapitelhof, eine Bibliothek, den **Palazzo Ducale** sowie den **Chiostro grande** mit den Zellen der Kartäusermönche: Darin lebten die Mönche nach strengen Ordensregeln – die Zellen verließen sie lediglich zum Gebet und zum Gottesdienst. In einer kleinen »casina« aus dem 18. Jh. vor der Wehrmauer verkaufen Mönche Wein, Schnaps und Süßigkeiten.

Von Pavia lohnt ein Abstecher nach **Vigevano**. Der Ort ist bekannt für seine Schuhproduktion, hat ein großartiges **Castell** (10. Jh., 1344 von Visconti zu einer stattlichen Residenz ausgebaut) – vor allem aber einen der schönsten Plätze Italiens: die **Piazza Ducale**. Diese lombardische »Piazza San Marco« ließ Ludovico il Moro nach Entwürfen Leonardo da Vincis fertigen. Sie ist an drei Seiten durch gleichmäßig gestaltete Arkaden geschlossen. Der Dom wird harmonisch in die Gestaltung einbezogen. An warmen Sommertagen kommen zuhauf Mailänder hierher, um auf der Piazza Ducale ein Eis zu essen.

Prunkvolles Bergamo

Charakteristik: Nach dem hektischen, turbulenten Mailand wirkt ein Besuch im beschaulichen, malerischen Bergamo wie ein Wechselbad; **Anfahrt:** Autostrada A 4 Milano–Venezia, Ausfahrt Bergamo. Züge vom Mailänder Hauptbahnhof, Bus von der Piazza Castello; **Auskunft:** APT, Corso Zanardelli 34, Bergamo; **Dauer:** Tagesausflug; **Karte:** → Umschlagkarte hinten, e 2

Was macht der Löwe von San Marco in einem lombardischen Ort? Auf Schritt und Tritt begegnet man hier dem venezianischen Wappentier. Des Rätsels Lösung: Von 1428 bis 1797 war Bergamo Teil der Republik Venedig.

Bergamo besteht aus der mittelalterlichen Oberstadt, der »città alta« – auch als »Stadt der Stille« bezeichnet –, die noch vollständig ummauert ist und auch mit einer Seilbahn (»funicolare«) erreicht werden kann –, und der im 19. Jh. entstandenen Unterstadt, der »città bassa«. Das alte Zentrum liegt rund um die **Piazza Vecchia** mit dem **Palazzo del Podestà** und dem **Palazzo della Ragione**. Dahinter die **Piazza del Duomo** mit der wunderschönen Kirche **Santa Maria Maggiore** (12. Jh.), die einen der beeindruckendsten Chöre ganz Italiens und wertvolle Wandteppiche aus dem 16. und 18. Jh. ihr Eigen nennt. Gegenüber dem Presbyterium befindet sich die Grabkapelle **Capella Colleoni**, wo der Heerführer Colleoni begraben ist. Auch Gaetano Donizetti hat hier seine letzte Ruhestätte gefunden.

In der erst Anfang des 19. Jh. entstandenen città bassa ist vor allem die **Pinacoteca dell'Accademia Carrara**, Piazza Carrara 82/a (9.30–12.30 und 14.30–17.30 Uhr, Di geschl.), eine Besichtigung wert. Das Zentrum der città bassa umfasst fünf miteinander verbundene Plätze. Entlang der Viale Giovanni XXIII kommen Sie zum Stadttor **Porta Nuova**, dahinter liegen **Piazza Matteotti** und **Piazza Vittorio Veneto**. Zwischen den beiden Plätzen erstreckt sich nach Nordosten der Bummelboulevard **Sentierone**, eine breite, arkadengesäumte Promenade mit modernen Läden und Lokalen.

Lago di Como

Charakteristik: Lang gestreckt liegt der Comer See zwischen seinen steilen Ufern, ein Alpensee, trotz der mediterranen Vegetation und der südländisch anmutenden Villen und Gärten; **Anfahrt:** Autostrada dei Laghi (A 9) nach Como; **Auskunft:** APT, Piazza Cavour 17, Como; **Dauer:** Tagesausflug; **Karte:** → Umschlagkarte hinten, c 1/d 2

Der glitzernd blaue Comer See, umgeben von grünen Bergen, mediterraner Vegetation und mit einem milden Samtklima gesegnet, ist an Wochenenden eines der beliebtesten Ausflugsziele. An den Promenaden der hübschen Uferstädtchen entlangbummeln, Eis schlecken, die Seeluft genießen. Mailänder, die es sich leisten können, besitzen ein Wochenendhäuschen am Ufer des »Lario«, der in seiner Form an ein Kopf stehendes Y erinnert. Eine Besichtigung wert sind **Lecco**, **Menaggio** sowie **Bellagio** mit der wunderschönen Villa Melzi und **Tremezzo** mit der Villa Carlotta, der berühmtesten aller Lario-Villen mit einem prachtvollen Terrassengarten, einer Skulpturen- und Gemäldesammlung – und einem atemberau-

Bergamo überrascht mit prächtigen Bauten – hier die Biblioteca Civica.

benden Blick auf den See. Oberhalb des Sees wurden die ehemaligen Verbindungswege wieder hergestellt und als Wanderpfade inmitten zauberhaft schöner Natur markiert. Wem nicht nach Wandern zumute ist, der kann den See auch auf den Straßen entlang des Ufers entdecken.

Ganz besonders lohnt sich eine Besichtigung von **Como**, das die Mailänder gerne als ihren Vorort betrachten. Das Städtchen strahlt die Eleganz einer Großstadt aus, und das trotz seiner gerade mal knapp 100 000 Einwohner. Beim Rundgang durch die nahezu autofreie Altstadt führt der erste Weg in den **Dom Santa Maria Maggiore**. Der Dom, der zu den letzten bedeutenden Bauten der Gotik zählt, entstand zwischen dem 14. und 18. Jh. Zu seinen größten Kunstschätzen gehören neun Gobelins, die zwischen die Pfeiler des dreischiffigen Baus gespannt sind (Ende des 16. Jh.), herrliche Altarbilder und Fresken. An den Dom grenzen der Stadtturm und das ehemalige Rathaus (Broletto 1215). Ganz in der Nähe steht die Kirche **San Fedele** (12.Jh.) mit einem wunderbar verzierten Nordportal. In der Via Cantu ist mit der 40 m hohen **Torre di Porta Vittoria** (1192) noch ein Rest der Stadtmauer erhalten. Anschließend könnten Sie den Ausflug in die Comer Historie mit einem Besuch des **Archäologischen Museums** (Piazza Medaglie d'Oro 1; Di–Sa 9.30–12.30 und 15–17 Uhr) abschließen.

»Inselhüpfen« auf dem Lago Maggiore

Charakteristik: Zwischen Palmen, Steilwänden und schneebedeckten Bergen – dem Reiz des Lago Maggiore erliegen die Besucher seit der Antike; **Anfahrt:** Autostrada dei Laghi (A 8) Richtung Lago Maggiore, dann Richtung Stresa; **Auskunft:** Navigazione Laghi, Mailand, Tel. 0 24 67 61 01, Fax 02 46 76 10 59. Schiffe verkehren jede halbe Stunde von Stresa zu den drei Borromeischen Inseln (Ende März–Ende Sept.); Hin- und Rückfahrt: 20 €; **Dauer:** Tagesausflug; **Karte:** ⟶ Umschlagkarte hinten, a 1

Isola Bella, Isola dei Pescatori, Isola Madre – diese drei Inselchen liegen verstreut im Lago Maggiore und warten darauf, den Besucher mit ihrer

Den Comer See umrahmen an vielen Stellen steile Berge. Wo die Natur es zuließ, zieren prachtvolle Villen die Ufer.

Gartenarchitektur von atemberaubender Schönheit: Seit dem 17. Jahrhundert übertraf sich die lombardische Aristokratie auf Isola Bella mit der Errichtung luxuriöser Villen.

Blumenpracht zu verzaubern. Per Schiff erreicht man sie von **Stresa** aus. Magnolien, Rosen, Hortensien, Orangen-, Zitronen- und Feigenbäume begleiten den Besucher bereits auf der Fahrt entlang des Ufers des Lago Maggiore nach Stresa, dem Ausgangspunkt dieses Ausfluges.

Der Lago Maggiore mit seinem fast schon subtropischen Klima ist der lieblichste und landschaftlich sicher der schönste der oberitalienischen Seen. Stresa liegt am Westufer des Lago; von dem berühmten Ferienort fahren Schiffe der Navigazione Laghi alle halbe Stunde zu den Borromeischen Inseln, deren Blumenpracht und atemberaubende Gartenanlagen berühmt geworden sind.

Erste Station ist die wohl berühmteste der drei Inseln, die **Isola Bella**. Ihren Namen erhielt sie zu Ehren der Gemahlin Carlo Borromeos III., Isabella d'Adda. Um 1630 wurden auf der Insel, die bis dahin unbewohnt war, großartige Villen errichtet, unter anderem auch der **Palast der Familie Borromeo**. Das Besondere an diesem Palazzo ist ein Garten voller Blumen und seltener Pflanzen, der über zehn durch Treppen miteinander verbundene Terrassen angelegt und von Pfauen und Kiebitzen bewohnt ist.

Im Inneren des borromeischen Palastes befindet sich eine **Pinakothek** mit Gemälden von Bergognone, Bellini und Carracci. Im Spätsommer finden auf der Isola Bella Konzerte mit bekannten Künstlern statt. Weiter geht es nun per Schiff zur **Isola dei Pescatori** mit ihrer nahezu unberührten Natur, malerischen kleinen Gässchen und Fischerhäuschen.

Zum Schluss wartet die größte der Inseln auf Sie, die **Isola Madre**, die fast völlig von farbenprachtigen Gartenanlagen »zugedeckt« ist. Exotische Pflanzen und seltene Vogelarten machen die »Mutterinsel« zu einem eindrucksvollen botanischen Garten. Besichtigen kann man auch hier einen **Palast der Familie Borromeo**, in dem sich eine Ausstellung mit Marionetten und Puppen des 17. und 18. Jh. befindet.

Wissenswertes über Mailand

Ein gigantisches Bauwerk von 207 Metern Breite und 37 Metern Höhe: Der 1912 bis 1931 erbaute Hauptbahnhof (→ S. 64) von Mailand ist ein Koloss aus Marmor und Stahl.

Die Metropole im Überblick: viele nützliche Informationen zur Reisevorbereitung und für den Aufenthalt vor Ort. Mit Geschichtstabelle, Internetadressen, Reiseknigge und Verkehrsverbindungen.

Jahreszahlen und Fakten im Überblick

6. Jh. v. Chr.
Mediolanum (»in der Mitte gelegen«) wird von den Etruskern gegründet.

222 v. Chr.
Die Lombardei wird dem römischen Gebiet einverleibt.

49 v. Chr.
Mediolanum erhält das römische Bürgerrecht und wird zum Mittelpunkt der Provinz Gallia cisalpina.

313
Kaiser Konstantin erlässt das Mailänder Toleranzedikt, das den Christen Glaubensfreiheit gewährt.

373
Der hl. Ambrosius wird zum Bischof von Mailand gewählt.

452
Attila und die Hunnen erobern und verwüsten die Stadt.

568
Die Langobarden marschieren in Oberitalien ein, Pavia wird Residenzstadt; erst 584 läuft ihr Mailand als Verwaltungszentrum den Rang wieder ab.

774
Karl der Große erobert das Langobardenreich und gliedert es dem Frankenreich an.

1097
Geburt der Stadt Mailand, der Comune di Milano.

1157
Friedrich I. Barbarossa besetzt die Stadt und kämpft gegen den Langobardischen Bund.

1176
Barbarossas Truppen werden von der Lega Lombarda besiegt.

1277
Die Visconti übernehmen die Herrschaft und machen die Stadt zur bestimmenden Kraft in der Lombardei.

1450
Francesco Sforza, Schwiegersohn des letzten Visconti, wird zum Herzog von Mailand ausgerufen. Unter der Herrschaft der Sforza, vor allem unter Ludovico Sforza »Il Moro« (1479–1499), erlebt die Stadt eine Blüte; bedeutende Künstler (u.a. Leonardo da Vinci, Bramante) kommen nach Mailand.

1499
Die Franzosen unter Ludwig XII. besetzen Mailand.

1552
Karl V. besiegt bei Pavia die Franzosen, Mailand fällt an das Habsburgerreich unter Philipp II. von Spanien.

1556
Nach der Teilung des Habsburgerreichs verbleibt Mailand bei Spanien.

1714
Am Ende des Spanischen Erbfolgekrieges fällt Mailand an Österreich unter Kaiserin Maria Theresia. Das Bürgertum entsteht, Handwerk und Kunst blühen.

1796
Napoleon Bonaparte schlägt die Österreicher bei Lodi und besetzt Mailand; 1805 lässt er sich dort zum Kaiser von Italien krönen.

1815
Nach dem Wiener Kongress fällt Mailand wieder an Habsburg.

1848
Blutiger Aufstand (die berühmten »Fünf Tage von Mailand«) gegen die Militärdiktatur von Oberst Radetzky.

1859
Endgültiger Sieg über Österreich durch den Savoyerkönig Vittorio Emanuele II – Mailand wird Teil des neu gegründeten Königreichs Italien.

1918
Mailand entwickelt sich zum wirtschaftlichen Zentrum Italiens und Mittelpunkt der Arbeitskämpfe.

1919
Mussolini verkündet auf der Piazza San Sepolcro die Gründung der Faschistischen Partei.

1944
Im Zweiten Weltkrieg erfährt Mailand durch die Bombenangriffe der Alliierten schwere Zerstörungen.

1945
Am 25. April erheben sich die Mailänder gegen die Nazis und befreien die Stadt.

1946
Italien wird Republik, Mailand übernimmt wieder seine Rolle als wirtschaftliche Hauptstadt.

1955
Der Bau des Pirelli-Hochhauses wird zum Symbol des Wiederaufbaus. Mailand ist das Hauptziel süditalienischer Einwanderer.

1977
Die Lombardei erhält als Region weitgehend Autonomie.

1992
Mutige Staatsanwälte ermitteln im Mailänder Korruptionssumpf; es kommt zu ersten Verhaftungen führender Politiker.

Juni 1993
Die rechtsgerichtete »Lega Nord« gewinnt die Kommunalwahlen und stellt den Bürgermeister Formentini.

März 1994
Die von Medienzar Silvio Berlusconi gegründete »Forza Italia« gewinnt die Parlamentswahlen. Nach sieben Monaten an der Regierung tritt Berlusconi als Regierungschef zurück.

Januar 1995
Lamberto Dini wird von Präsident Oskar Luigi Scalfaro mit der Bildung einer Übergangsregierung betraut. Im Dezember 1995 reicht Dini seine Entlassung ein.

Oktober 1998
Romano Prodis rote Allianz zerbricht, Massimo D'Alema wird neuer Regierungschef eines Links-Bündnisses.

Mai 1999
Der Bankier Carlo Azeglio Ciampi wird italienischer Präsident.

2001
Berlusconis Rechtsbündnis kommt an die Macht.

18. April 2002
Ein Privatflugzeug rast in den Pirelli-Tower. Das Unglück fordert mehrere Tote und Verletzte.

März 2005
Unter innenpolitischem Druck kündigt Ministerpräsident Berlusconi an, Soldaten aus dem Irak abzuziehen.

April 2006
Romano Prodi wird zum neuen italienischen Regierungschef gewählt.

März 2007
In der Galleria Vittorio Emanuele wird die »Town House Galleria« eröffnet, Europas erstes 7-Sterne-Hotel.

April 2008
Das Mitte-Rechts-Bündnis von Silvio Berlusconi gewinnt die Parlamentswahlen mit deutlichem Vorsprung, der Medienzar wird Regierungschef.

Nie wieder sprachlos

Wichtige Wörter

ja	*sì [sí]*
nein	*no [nó]*
danke	*grazie [grázie]*
Wie bitte?	*prego, come? [prégo, kóme]*
Ich verstehe nicht.	*non capisco [non kapísko]*
Entschuldigung	*scusa, scusi [skúsa, skúsi]*
Hallo	*ciao [tscháo]*
Guten Morgen/ Guten Tag	*buon giorno [buón dschórno]*
Guten Abend	*buona sera [buóna séra]*
Auf Wiedersehen	*arrivederci [arriwedértschi]*
Ich heiße ...	*mi chiamo ... [mi kiámo]*
Ich komme aus ...	*(io) vengo da ... [(ío) wéngo da]*
– Deutschland.	*– Germania. [dschermánia]*
– Österreich.	*– Austria. [aústria]*
– der Schweiz.	*– Svizzera. [swízzera]*
Wie geht´s?	*Come va? [kóme wá]*
Danke, gut.	*Bene, grazie. [béne, grázie]*
wer, was, welcher	*chi, (che) cosa, quale [kí, (ké) kósa, kuále]*
wann	*quando [kuándo]*
wie viel	*quanto [kuánto]*
wie lange	*per quanto tempo [per kuánto témpo]*
Sprechen Sie deutsch/ englisch?	*Lei parla il tedesco/l'inglese? [léi párla il tedesko/l'inglése]*
heute	*oggi [ódschi]*
morgen	*domani [dománi]*
gestern	*ieri [iéri]*

Zahlen

eins	*uno [úno]*
zwei	*due [dúe]*
drei	*tre [tré]*
vier	*quattro [kuáttro]*
fünf	*cinque [tschínkue]*
sechs	*sei [séi]*
sieben	*sette [sétte]*
acht	*otto [ótto]*
neun	*nove [nówe]*
zehn	*dieci [diétschi]*
einhundert	*cento [tschénto]*
eintausend	*mille [míllе]*

Wochentage

Montag	*lunedì [lunedí]*
Dienstag	*martedì [martedí]*
Mittwoch	*mercoledì [merkoledí]*
Donnerstag	*giovedì [dschiowedí]*
Freitag	*venerdì [wenerdí]*
Samstag	*sabato [sábbato]*
Sonntag	*domenica [doménika]*

Unterwegs

rechts	*destra [déstra]*
links	*sinistra [sinístra]*
geradeaus	*diritto [diritto]*
Wie weit ist es nach ...?	*Quanto è distante ...? [kuánto é distánte]*
Wie kommt man nach ...?	*Come si arriva a ...? [kóme si arríwa a]*
Wo ist ...	*Dove è ... [dowe é]*
– die nächste Werkstatt?	*– l'officina più vicina? [l'offitschína piú vitschína]*
– der Bahnhof?	*– la stazione? [la stazióne]*
– der Flughafen?	*– l'aeroporto? [l'aeropórto]*
– die Touristeninformation?	*– l'informazione turistica? [l'informazióne turístika]*
– die nächste Bank?	*– la banca più vicina? [la bánka piú witschína]*
– die nächste Tankstelle?	*– il distributore di benzina più vicino? [il distributóre di benzína]*

Bitte voll tanken!	*Pieno per favore! [piéno per fawóre]*
bleifrei	*senza piombo/ benzina verde [sénza piómbo/ benzína wérde]*
Wir hatten einen Unfall.	*Abbiamo avuto un incidente. [abbiámo awúto ún intschidénte]*
Wo finde ich ...	*Dovo trovo ... [dówo tròwo]*
– einen Arzt?	*– un medico? [un médiko]*
– eine Apotheke?	*– una farmacia? [una farmatschía]*
Eine Fahrkarte nach ... bitte!	*Per favore, un biglietto per ...! [per fawóre, un biliétto per]*

Übernachten

Ich suche ein Hotel.	*Cerco un albergo. [tschérko un albérgo]*
Ich suche ein Zimmer für ... Personen.	*Cerco una camera per ... persone. [tschérko una kámera per ... persóne]*
Haben Sie noch Zimmer frei ...	*Lei ha ancora una camera libera ... [léi á ankóra una kámera líbera]*
– für eine Nacht?	*– per una notte? [per una nótte]*
– für zwei Tage?	*– per due giorni? [per due dschiórni]*
– für eine Woche?	*– per una settimana? [per una settimána]*
Ich habe ein Zimmer reserviert.	*Ho prenotato una camera. [o prenotáto una kámera]*
Wie viel kostet das Zimmer ...	*Quanto costa la camera ... [kuánto kósta la kámera]*
– mit Frühstück?	*– con prima/piccola colazione? [kon príma/píkkola kolazióne]*
– mit Halbpension?	*– con mezza pensione? [kon mézza pensióne]*
Ich nehme das Zimmer.	*Sì, la prendo. [sí, la préndo]*
Kann ich mit Kreditkarte zahlen?	*Posso pagare con la carta di credito? [pósso pagáre kon la kárta di krédito]*
Ich möchte mich beschweren.	*Devo reclamare. [déwo reklamáre]*
funktioniert nicht	*non funziona [non funzióna]*

Essen und Trinken

Die Speisekarte bitte!	*Il menu, per favore! [il menú, per fawóre]*
Die Rechnung bitte!	*Il conto, per favore! [Il kónto, per fawóre]*
Ich hätte gern ...	*Vorrei ... [worréi]*
Auf Ihr Wohl!	*Cincin! [tschintschin]*
Wo finde ich die Toiletten (Damen/ Herren)?	*Dove trovo i gabinetti (donne/uomini)? [dowe trowo i gabinétti (dónne/ uómini)]*
Kellner/-in	*cameriere/-a [kameriére/-a]*
Frühstück	*prima/piccola colazione [príma/píkkola kolazióne]*
Mittagessen	*pranzo [pránzo]*
Abendessen	*cena [tschéna]*

Einkaufen

Wo gibt es ...?	*Dove è ... [dowe é]*
Haben Sie ...?	*Lei ha ...? [léi á]*
Wie viel kostet ...?	*Quanto costa ...? [kuánto kósta]*
Das ist zu teuer	*Costa troppo. [kósta tróppo]*
Das gefällt mir/ gefällt mir nicht.	*Questo mi piace/ non mi piace. [quésto mi piátsche/nón mi piátsche]*
Ich nehme es.	*Lo prendo. [lo préndo]*
geöffnet/ geschlossen	*aperto/chiuso [apérto/kiúso]*

Die wichtigsten kulinarischen Begriffe

A

acciughe: Sardellen
aceto: Essig
acqua: Wasser
– *minerale:* Mineralwasser
– *naturale:* Leitungswasser
aglio: Knoblauch
agnello: Lamm
alla griglia: gegrillt
aneletti gratinati: panierte Tintenfischringe mit Knoblauch und Pfeffer gewürzt
anguilla: Aal
anguria: Wassermelone
antipasto: Vorspeise
aragosta: Languste
aranciata: Orangenlimonade
arancini di riso: gefüllte Reiskugeln
aranga: Hering
arrosto: Braten
– *di maiale:* Schweinebraten
– *di manzo:* Rinderbraten
– *di tacchino:* Putenbraten
– *di vitello:* Kalbsbraten
asparagi: Spargel

B

baccalà: Stockfisch
barbio (oder *barbo*): Barbe
basilico: Basilikum
bevande: Getränke
bieta: Mangold
birra: Bier
– *chiara:* helles Bier
– *scura:* dunkles Bier
– *alla spina:* Bier vom Fass
biscotto: Keks
bistecca: Steak, Schnitzel
bollito: gekocht
bottarga di tonno: Thunfischrogen
braciola: Kotelett
branzino: Seebarsch
brodo: Fleischbrühe
bruschetta: geröstetes Brot mit Öl und Knoblauch
bucatini: lange, runde Röhrchennudeln
burro: Butter
buscchina: Gebäck

C

cacciagione: Wildbret
caffè (espresso): Espresso
– *latte:* Milchkaffee
– *macchiato:* Espresso mit einem Schuss Milch
calamari: Tintenfische
camomilla: Kamillentee
cannelloni: gefüllte, überbackene Nudelröllchen
caponata: Auberginenscheiben gewürzt mit Knoblauch und Zwiebeln
capperi: Kapern
cappuccino: Kaffee mit aufgeschäumter Milch
capreto: Zicklein
carciofo: Artischocke
carne: Fleisch
carota: Karotte
cassata: Eis mit kandierten Früchten
cassoeula: eine Art Eintopf mit Schweinefleisch und Kohl
cavolfiore: Blumenkohl
ceci: Kichererbsen
cefalo: Meeräsche
cervo: Hirsch
cetriole: Gurke
ciliegia: Kirsche
cinghiale: Wildschwein
cioccolata: Trinkschokolade
cipolla: Zwiebel
cocomero: Wassermelone
coltello: Messer
coniglio: Kaninchen
contorni: Beilagen
coratella: Innereien
cornetto: Hörnchen
costata: Entrecôte
cotoletta: Kotelett
– *alla milanese:* Wiener Schnitzel
cozze: Miesmuscheln
crème caramel: Karamellpudding
crostacei: Krebstiere
crostino: geröstetes Brot
crudo: roh
cucchiaino: Teelöffel
cucchiaio: Löffel
cuscus: Hirsegericht, nordafrikanischen Ursprungs

D
dattero: Dattel
dentice: Zahnbrasse
dolce: süß, Süßspeise
dragoncello: Estragon
duro: hart, zäh

E
erbe: Kräuter

F
fagiano: Fasan
fagioli: weiße Bohnen
fagiolini: grüne Bohnen
faraona: Perlhuhn
farcito: gefüllt
farfalle: Schmetterlingsnudeln
farsumagru: gefüllter Rinder- oder Kalbsbraten
fegato: Leber
fettuccine: Bandnudeln
fico: Feige
filetto: Filet
finocchio: Fenchel
focacce: gefüllte Teigkrapfen
formaggio: Käse
fragola: Erdbeere
fritto misto di pesce: verschiedene gebackene Fische und Meeresfrüchte
frutta: Obst
– *alla martorana:* Marzipansüßspeise
frutti di mare: Meeresfrüchte
funghi: Pilze
– *porcini:* Steinpilze
fusilli: spiralförmige Nudeln

G
gallina: Huhn
gallinelle: Pfifferlinge
gambero: Krebs
gelato: Eis
ghiaccio: Eiswürfel
gnocchetti: Kartoffelklößchen
granchi: Krebse
granita: zerstoßenes Eis mit Fruchtsaft
granoturco: Mais
grappa: Tresterschnaps
grasso: fett
grissini: dünne Knabberstangen

I
insalata: Salat
– *mista:* gemischter Salat
– *verde:* grüner Salat
involtini: Fleischrouladen

L
laciaditt: eine Art Schmalzgebäck
lamponi: Himbeeren
lasagne al forno: überbackenes Nudelgericht
latte: Milch
– *di mandorla:* Mandelmilch
lattuga: Kopfsalat
legumi: Gemüsesorten
lenticchie: Linsen
lepre: Hase
lesso: gekocht
limonata: Limonade
limone: Zitrone
lingua: Zunge
linguine: schmale Bandnudeln
liquore: Likör
litro: Liter
– *un mezzo litro:* halber Liter
– *un quarto litro:* Viertelliter
lobata: Lendenbraten
lumache: Schnecken

M
maccheroni: dicke, hohle Nudeln
macedonia: frischer Obstsalat
maiale: Schwein
maialetto: Ferkel
mandarino: Mandarine
manzo: Rind
marroni: Esskastanien
marsala: Dessertwein
mela: Apfel
melanzane: Auberginen
melone: Zuckermelone
merluzzo: Kabeljau
miele: Honig
minestra: Suppe
minestrone: Gemüsesuppe
mirtilli: Heidelbeeren
montone: Hammel
more: Brombeeren
mostarda: Senf
mozzarella: Büffelkäse
muggine: Meeräsche

N
nasello: Schellfisch
nocciola: Haselnuss
noccioline: Erdnüsse
noce: Nuss
nodino di vitello: Kalbskotelett

O
oca: Gans
olio: Öl
olive: Oliven
orata: Goldbrasse
orzo: Gerste
oss de mort: Kekse mit Mandeln und Marsala
ossobuco: Kalbshaxe
ostriche: Austern

P
panada: Brotsuppe
pancetta: Schweinebauch
pane: Brot
panino: Brötchen, belegtes Brot
panna: Sahne
panettone: Hefekuchen
pappardelle: kurze, breite Nudeln
parmigiano: Parmesankäse
pasta: Teig, Nudeln
pasta al brodo: Nudelsuppe
pastasciutta: Nudelgericht mit Fleischsoße
pasticcio: überbackenes Nudelgericht
patate: Kartoffeln
– *arrostite:* Bratkartoffeln
– *fritte:* Pommes frites
– *lesse:* Salzkartoffeln
pecorino: Schafskäse
penne lisce: kurze, dicke, angespitzte und hohle Nudeln
penne rigate: kurze, geriffelte, dicke und angespitzte hohle Nudeln
pepe: Pfeffer
peperonata: Paprika-Tomaten-Gemüse
peperoncino: kleine Pfefferschote
peperone: Paprika
pera: Birne
pesca: Pfirsich
pesce: Fisch
– *spada:* Schwertfisch
pesto: Basilikumsoße mit Pinienkernen, Parmesan und Knoblauch
petto di pollo: Hühnerbrust
piatto: Teller, Gang
– *del giorno:* Tagesgericht
piccata: Kalbfleischscheibe
piccione: Taube
piselli: Erbsen
pistacchi: Pistazien
polenta: Maisbrei
polipo: Tintenfisch
pollo: Huhn
polpetta: Frikadelle
pomodoro: Tomate
pompelmo: Grapefruit
porchetto: Ferkel
porcini: Steinpilze
prosciutto: Schinken
– *cotto:* gekochter Schinken
– *crudo:* roher Schinken
provolone: pikanter Käse
prugna: Pflaume
purè di patate: Kartoffelpüree

Q
quaglia: Wachtel

R
radicchio: Radicchiosalat
rafano: Rettich
ragù: Fleischsauce für Nudeln
rape: Kohlrabi
ravanelli: Radieschen
ravioli: mit Fleisch oder Quark gefüllte Teigtaschen
ribes: Johannisbeeren
riccio: Seeigel
ricotta: quarkartiger Käse
rigatoni: kurze, geriffelte Nudeln
riso: Reis
risotto: Reisgericht
– *alla marinara:* mit Meeresfrüchten
– *alla milanese:* Reis mit Safran
– *nero:* mit Tintenfischsoße
rognoni: Nieren
rombo: Steinbutt
rosticciana: gegrillte Schweinerippchen
rostin negàa: Kalbsfleisch und Kartoffeln, stundenlang in Weißwein »gekocht«

S
salame: Salami
salato: salzig
sale: Salz
salmone: Lachs
– *affumicato:* geräuchter Lachs
salsa: Soße
– *verde:* grüne Kräutersoße
salsiccia: Würstchen
saltimbocca: Kalbsmedaillons mit Salbei und Parmaschinken
salvia: Salbei
sarago: Brasse
sarde: Sardinen
scaloppine di vitello: kleine Kalbsschnitzel
scampi: Krabben
scottiglia: Fleischeintopf
sedano: Sellerie
semifreddo: Halbgefrorenes
senape: Senf
seppia: Tintenfisch
servizio: Bedienung
sformato: Auflauf
sgombro: Makrele
sogliola: Seezunge
spaghetti: Spaghetti
– *aglio, olio e peperoncino:* mit Knoblauch, Peperoncini, Olivenöl und Pfefferschoten
– *al burro:* mit Butter
– *alla carbonara:* mit Speck und Ei
– *alla Norma:* mit Tomatensoße und Auberginenscheiben
– *al pesto:* mit Basilikumsoße
– *alla puttanesca:* mit Tomatensoße, Oliven und scharfen Gewürzen
– *al ragù:* mit Fleischsoße
spezzatino: Kalbsgulasch
spiedino: Spießchen
spiedo (allo): vom Spieß
spiedino di carne: Fleischspieß
spigola: Seebarsch
spinaci: Spinat
spremuta: frisch gepresster Saft
– *d'arancia:* Orangensaft
– *di mela:* Apfelsaft
– *di pera:* Birnensaft
– *di pesca:* Pfirsichsaft
spumante: Sekt
stracciatella: Eierflaumsuppe
stufato: gedünstet
sugo: Soße

T
tacchino: Truthahn
tagliatelle: Bandnudeln
tartufo: Trüffel
tavola calda: Schnellimbiss
tenero: zart
timballo: Nudelauflauf
timo: Thymian
tiramisu: Dessert mit Löffelbiskuit und Mascarponecreme
tonno: Thunfisch
tortellini: gefüllte Teigtaschen
tortelloni: große Tortellini
tramezzino: Sandwich
trenette: lange, flache Nudeln
triglia: Barbe
trippa: Kutteln
trota: Forelle

U
uovo: Ei
– *à la coque:* weich gekochtes Ei
– *sodo:* hart gekochtes Ei
– *strapazzato:* Rührei
– *al tegamino (al burro):* Spiegelei
uva: Trauben

V
verdura: Gemüse
vermicelli: Fadennudeln
vino: Wein
– *bianco:* Weißwein
– *rosato:* Roséwein
– *rosso:* Rotwein
– *santo:* süßer Dessertwein
vitello: Kalb
– *tonnato:* Kalbsbratenscheiben mit Thunfischsoße
vongole: Venusmuscheln

Z
zabaione: Wein-Eier-Creme
zampone: Schweinshaxe
zenzero: Ingwer
zucca: Kürbis
zucchero: Zucker
zuppa: Suppe
– *di pesce:* Fischsuppe

Nützliche Adressen und Reiseservice

Auf einen Blick
Name: Abgeleitet von »Mediolanum«
Fläche: 1981 qkm
Einwohner: 3 734 206 (Agglomeration)
Verwaltungseinheit: Hauptstadt der Region Lombardei, zur Verwaltungseinheit gehören 188 Kommunen
Sprache: Italienisch
Religion: Vorwiegend katholisch
Wirtschaft: Mailand ist das Herz der nationalen Wirtschaft, Sitz der wichtigsten Verlage, der Börse, der wichtigsten Messen, eines der renommiertesten Opernhäuser der Welt.
Höchstes Haus: Pirelli-Hochhaus
Bedeutenste Kunstsammlung: Brera-Pinakothek
Schönster »Salon«: Galleria Vittorio Emanuele
Bekanntestes Gericht: Risotto alla milanese
Berühmtester Kuchen: Panettone

Anreise

Mit dem Flugzeug

Malpensa – so heißt der 1998 eröffnete Mailänder Flughafen. Er hat sich inzwischen zu einer zentralen Drehscheibe Europas entwickelt. Vom Malpensa-Airport nimmt man entweder den Bus Malpensa Shuttle, der den Airport im 20-Minuten-Takt mit dem Hauptbahnhof verbindet (Dauer ca. 50 Min., 9 €), oder den Malpensa Express, einen Zug, der im 30-Minuten-Takt zum Bahnhof Cadorna fährt (11 €, Tickets vor der Fahrt abstempeln). Auf Anfrage hält der Malpensa-Shuttle-Bus auch am Messegelände (www.malpensa.it). Mit dem Taxi kostet die ein- bis anderthalbstündige Fahrt ca. 80 €.

Der zweite Flughafen heißt **Linate**. Von Linate zum Hauptbahnhof und umgekehrt pendelt alle 20 Minuten ein Shuttle-Bus. Die Fahrt zum Zentrum dauert 30 Minuten und kostet zurzeit 5 €. Die Fahrkarten für den hellblauen Pendelbus können Sie direkt im Bus lösen. Ebenfalls ins Stadtzentrum bringt Sie von Linate ein Bus der Linie 73, der alle 20 Minuten vom Flughafenvorplatz (Piazzale del Aeroporto) zur Metro-Station San Babila fährt. Fahrkarten bekommen Sie am Automaten oder am Zeitungskiosk. Das Taxi ins Zentrum kostet ca. 50 €.

An der Metro-Station Lampugnano gibt es ein neues **Air-Terminal** mit bewachtem Parkplatz. Von dort fährt von 7–18 Uhr jede volle Stunde ein Autobus zum Flughafen Malpensa. In beiden Flughäfen haben Banken täglich von 8 bis 21 Uhr geöffnet (auch an Feiertagen, außer am 25. Dezember).

Einige Airlines fliegen auch den dritten »Mailänder« Flughafen an: **Orio al Serio** (Tel. 0 35 32 61 11; www.orioaeroporto.it), ein kleiner Airport in der Nähe von Bergamo. Vom Flughafen gibt es eine direkte Busverbindung zum Mailänder Bahnhof (alle 30 Min., Ticket 7 €) Es bestehen darüber hinaus auch direkte Verbindungen zwischen den Flughäfen Malpensa, Linate und Orio al Serio. Die Autobahn zwischen Mailand und Bergamo ist fast immer überlastet.

Eine ganze Reihe von Low-Cost-Carrier haben günstige Flüge nach Mailand im Angebot, so hlx, Air Berlin, Ryanair. Volare.web bietet Billigflüge innerhalb Italiens.

Mit dem Auto

Nach Mailand führen durchgehende **Autobahnen**, so von München (über Kufstein, Brenner, Verona), Österreich (über Villach, Venedig, Verona) und der Schweiz (über Aosta, Chiasso, Como). Wer aus dem Süden kommt, fährt über die Autostrada del Sole, von Westen führt die Autostrada Turin/Venedig in die Stadt, von Genua die Autostrada di Genova und von den Seen schließlich die Autostrada dei Laghi. Es empfiehlt sich, das Auto etwas außerhalb stehen zu lassen –

man kann fast alle Sehenswürdigkeiten mit öffentlichen Verkehrsmitteln erreichen – und mit der **Metro** ins Stadtzentrum zu fahren. **Parkhäuser** (alle mit U-Bahn-Anschluss) finden Sie im Norden von Mailand in der Nähe der Autostrada nach Venedig (A 4) und der Kreuzung Autostrada dei Laghi (A 8, A 9); im Süden an der Tangenziale Ovest und der Ausfahrt der Autostrada von Genua (A 7) sowie an der Ausfahrt der Autostrada Venezia nahe der Tangenziale Est (A 4). **Parkscheine** bekommen Sie in den Kiosken und Tabakläden. Auf diesen Scheinen, die aussehen wie Rubbellose, müssen Sie Ihre Ankunftszeit z. B. mit einer Münze freirubbeln und vorne gut sichtbar ins Auto legen.

Mit dem Zug

Alle internationalen Züge kommen im zweigeschossigen Hauptbahnhof (**Stazione Centrale**) an. Die Gleise befinden sich — wie die Fahrplanauskunft, eine Bank, eine Apotheke, ein Dutyfreeshop und ein Self-Service – im oberen Geschoss des imposanten Gebäudes, in der »Galleria delle Partenze«. Der Dutyfreeshop ist auch ein gut sortierter Lebensmittelladen. Der Bahnhof verfügt nun über ein Computerauskunftssystem. Per »Fingerdruck« erhält man alle wichtigen Verbindungen. Bis 22 Uhr erhalten Sie unter Tel. 02 67 50 01 Infos über den Zugverkehr inklusive Verspätungen (bzw. unter www.trenitalia.it). Ihr Gepäck können Sie für 5 € im »deposito bagaglie« lassen. Im Untergeschoss finden Sie das Fremdenverkehrsamt **Italturismo** (tgl. 7–23 Uhr), die Post, das Telegrafenamt, ein Tageshotel (»albergo diurno«) sowie den Eingang zur U-Bahn (»metropolitana«). Die Linien M 2, dann M 1 bringen Sie in wenigen Minuten ins Zentrum. Fahrkarten erhalten Sie in Zeitungs- und Tabakläden sowie an Automaten.

Achtung: Alle Zugtickets müssen Sie vor Reiseantritt abstempeln, sonst drohen saftige Bußgelder.

Auskunft

APT

Das staatliche Verkehrsamt (Azienda di Promozione Turistica) ist Ihnen auch bei der Zimmervermittlung behilflich. Nützlich ist auch das Heftchen »Milano – dove, come, quando«.

Palazzo del Turismo → S. 114, A 15
Via Marconi 1; Tel. 02 72 52 43 0-1/-2/-3, Fax 02 72 52 43 50; Metro: M1, M3/Duomo (b 2); www.milanoinfotourist.com; Mo–Sa 8–19, So/Fei 9–12.30 und 13.30–17 Uhr

Stazione Centrale → S. 110, C 8
1. Etage; Tel. 02 72 52 43 60; Mo–Sa 8–20, So 9–12.30 und 13.30–17 Uhr

Galleria Vittorio Emanuele → S. 114, A 15
Infos über alle aktuellen Veranstaltungen und Ticketreservierung.
Tel. 02 62 08 31 01; Mo–Sa 8.30–19 Uhr

Aeroporto Linate (ENIT-Büro)
Tel. 02 74 85 22 00; Mo–Sa 8–20 Uhr

Italienische Zentrale für Tourismus ENIT
In Deutschland:
- Büro Frankfurt: Neue Mainzer Straße 26, 60311 Frankfurt am Main; Tel. 0 69/23 74 34, Fax 23 28 94; Enit.ffm@t-online.de, www.enit-italia.de
- Büro Berlin: Friedrichstraße 187, 10117 Berlin; Tel. 0 30/2 47 83 98, Fax 2 47 83 99; Enit-berlin@t-online.de
- Büro München: Prinzregentenstraße 22, 80538 München; Tel. 0 89/53 13 17, Fax 53 45 27; Enit-muenchen@t-online.de

In Österreich:
Kärntner Ring 4, 1010 Wien;
Tel. 01/5 05 16 39, Fax 50 50 248

In der Schweiz:
Uraniastr. 32, 8001 Zürich;
Tel. 0 43/4 66 40 40, Fax 4 66 40 41

Städtische Verkehrsbetriebe ATM
Fahrpläne und Auskünfte.
Tel. 02 48 03 11

Touring Club Italiano ⇢ S. 117, F 17
Reiseauskünfte für Italien.
Corso Italia 10; Tel. 02 85 26 30 04; www.touringclub.it

Buchtipps

Stazione centrale. Und andere Mailänder Geschichten von Anna Maria Ortese heißt eine Sammlung bunter Erzählungen, die allesamt in Mailand spielen. Die Autorin erzählt vom Zentralbahnhof mit den verschiedensten Menschen wie von noblen Palästen und tristen Vorstadtvierteln. Sie beobachtet Sommerfrischler, eine alternde Prostituierte, eine junge Serviererin und zeigt in ihren Geschichten Licht- und Schattenseiten ihrer Stadt (Carl Hanser, 1993).

Das Foucaultsche Pendel von Umberto Eco (dtv, 1996) beleuchtet drei Mailänder Verlagslektoren, die beruflich ständig über okkulte Wissenschaften, Geheimbünde und kosmische Komplotte lesen müssen. Sie stoßen auf ein rätselhaftes Dokument aus dem 14. Jh. Darin ist von alle 120 Jahre wiederkehrenden Zusammenkünften der »36 Unbekannten«, der Nachfahren der mysteriösen Tempelritter, die Rede ...

Amore mio infinito von Aldo Nove (Rowohlt, 2003) ist ein Roman über das Erwachsenwerden in einer Großstadt wie Mailand – von den Siebzigern bis in die Neunzigerjahre. Matteo erinnert sich an die zahlreichen Verliebtheiten und Lieben seines Lebens: mit zehn, mit dreizehn, mit fünfzehn und dann, in die Gegenwart des Erzählers hineinreichend, als erwachsener Mann.

Feiertage

1. Januar Neujahrstag
6. Januar Dreikönigstag
25. April Tag der Befreiung
Ostersonntag und -montag
1. Mai Tag der Arbeit
2. Juni Tag der Republikgründung
15. August Mariä Himmelfahrt, »Ferragosto«
1. November Allerheiligen
7. Dezember Sant'Ambrogio (Namenstag des Stadtpatrons)
8. Dezember Mariä Empfängnis
25. und 26. Dezember Weihnachten

Wenn die Metro nur noch selten fährt, man bei vielen Läden und Museen vor geschlossenen Türen steht, die Stadt heiß, ausgestorben und fast ohne Verkehr ist – dann ist **Ferragosto**, Urlaubszeit! Die Italiener nützen das Fest Mariä Himmelfahrt am 15. August gerne für Ausflüge an die Seen oder ans Meer. Die Kommune allerdings hat auch für Daheimgebliebene und Touristen vorgesorgt. Unter dem Motto »Vacanze a Milano« finden zahlreiche Veranstaltungen statt (Programm in den Infobüros).

Fundbüros

Städtisches Fundbüro (Ufficio oggetti smarriti) ⇢ S. 114, A 16
Via Unione/Ecke Via Arcimboldi; Tel. 02 54 68 11 18; Metro: M 1, M 3/Duomo (b 2); Mo–Fr 8.30–12.45 und 14.15–17, Sa 8.30–12 Uhr

Fundbüro im Hauptbahnhof ⇢ S. 110, C 8
Tel. 02 63 71 26 67; Metro: M 2, M 3/Centrale F. S. (b 2); Mo–Fr 7–13, 14–20 Uhr

Geld

In Italien gilt seit 2002 der Euro, Geldautomaten finden Sie überall in der Stadt. Die gängigsten **Kreditkarten** sind American Express, Eurocard (in Italien auch unter »carta sì«), Diners und Visa. Ausländisches Geld kann in unbegrenzter Höhe eingeführt werden. Ausgeführt werden dürfen bis 500 €.

Öffnungszeiten der Banken:
Mo–Fr 8.30–13.30 und 15–16 Uhr. Länger hat die **Banca delle Communicazioni** im Hauptbahnhof geöffnet: Mo–Sa 8–19 Uhr; die gleichen Öffnungszeiten gelten auch für die Banken in den beiden Flughäfen **Linate** und **Malpensa**.

Internet

Wer seinen Laptop mit ins Hotel nimmt, benötigt einen Adapter, denn italienische Telefonbuchsen haben eine andere Form. Erhältlich meist an der Rezeption oder in Telefonläden.

www.comune.milano.it
Infos mit Verkehrshinweisen und Wetterlage.

www.vivimilano.corriere.it
Die aktuelle Mailänder Veranstaltungsbeilage in der Tageszeitung »Corriere della Sera«.

www.ciaomilano.com
Aktuelle Infos von Touristenbüros bis zum Flughafen.

www.inmilano.net
Die aktuellsten News der Stadt, zusammengestellt von der italienischen Nachrichtenagentur Ansa.

www.atm-mi.it
Alles über öffentliche Verkehrsmittel.

www.fieramilano.com
Alle Infos über die Messe.

www.provincia.milano.it
Die Website der Provinz Mailand.

www.atm-mi.it/GiroMilano/calcper.asp?place=Milano
Eine Art Navi für die Straßen Mailands. Wenn Sie eine Adresse suchen, dann wird Ihnen der schnellste Weg berechnet, wie und mit welchem Verkehrsmittel Sie hinkommen.

Kleidung

Früher oder später muss so mancher Mailandbesucher feststellen: »Ich bin für diese Stadt nicht wirklich richtig gekleidet« – und schon erliegt er dem Mode- und Kaufrausch. Denn die Flanierstraßen der lombardischen Hauptstadt sind Schaufenster der Mode und machen einfach Lust auf mehr Chic. Die kürzesten Röcke, die farbenfrohsten Krawatten, die verrücktesten Kostüme: Jeder Mailänder und jede Mailänderin mit dem nötigen Kleingeld macht mit im Karussell der Eitelkeiten. Darüber hinaus hängt die Zusammenstellung Ihres Reisekoffers natürlich in erster Linie von der Reise- bzw. Jahreszeit ab.

Medizinische Versorgung

Das **Krankenhaus Fatebenefratelli,** Corso di Porta Nuova 23, Tel. 6 36 31, hat einen 24-Std.-Notdienst. Die ambulante Behandlung ist kostenlos (internationaler Krankenschein nötig). **Apotheken** sind 9–12.30 und 15.30–19.30 Uhr geöffnet, die Apotheke im Hauptbahnhof rund um die Uhr.

Model-Macher

Mailand ist die Stadt der Mode und der Models. Wer auch mal in die aufregende Welt der catwalk-Schönheiten schnuppern möchte: Die renommiertesten Adressen sind:

Fochi Models; Via Durini 5; Tel. 02 78 22 39
Movo; Piazzale Principessa Clotilde 8; Tel. 0 26 55 48 36

Notruf

Feuerwehr: Tel. 1 15
Polizei: Tel. 1 13
Ärztlicher Notdienst: Tel. 38 83
Zahnärztlicher Notdienst: Tel. 02 86 54 60
Verwahrstelle für abgeschleppte Autos: Tel. 0 23 31 57 16
Pannendienst (Automobilclub): Tel. 1 16
Polizei-Passamt: Tel. 02 62 26 32 44

Nebenkosten in Euro
[B]al bar, [T]auf der Terrasse

1 Espresso	1,20–1,80[B]/3,00[T]
1 Bier	1,80–3,00[B]/5,00[T]
1 Cola	1,80–2,80[B]/4,00[T]
1 Brot (ca. 500g)	1,20
1 Schachtel Zigaretten	3,20–4,10
1 Liter Normal-Benzin	1,36
Öffentl. Verkehrsmittel (Einzelfahrt)	1,00
Mietwagen/Tag	ab 40,00

Stand: Dezember 2008

Politik

Ende der Achtziger- und Anfang der Neunzigerjahre wurde die Politik der Stadt vor allem von Partei-Lobbyisten (insbesondere von einer traditionell starken »PSI«), der Finanz- und Wirtschaftswelt sowie der Staatsunternehmen bestimmt – eine delikate Verknüpfung von privaten und öffentlichen Interessen, die schließlich 1990 zu einer gewaltigen Krise führte.

1992 begannen erste Ermittlungen gegen führende Politiker wegen Korruption, gleichzeitig wuchs der Unmut gegen Einwanderer aus dem Süden. Daraus resultierte 1993 ein gewaltiger Rechtsruck: Die »Lega Nord« verzeichnete einen überwältigenden Wahlsieg und stellte den Bürgermeister Formentini. Im Winter 1993 machte dann die »Lega Nord« durch einen Bestechungsskandal von sich reden. Der Mailänder Medienmogul Silvio Berlusconi nutzte die Gunst der Stunde und gründete eine neue Partei, »Forza Italia«, und schaffte bei den Wahlen 1994 auf Anhieb den Durchbruch. Zusammen mit der »Lega Nord« und den Neofaschisten erhielt die Mailänder Bewegung landesweit die absolute Mehrheit und schaffte den Sprung ins römische Parlament. Von 2001 bis 2006 und wieder seit 2008 leitet Silvio Berlusconi die Geschicke ganz Italiens.

Post

Hauptpost
(Posta centrale) ····› S. 113, F 11
Piazza Cordusio; Mo–Fr 8.30–17.30, Sa 8.30–13, am letzten Tag im Monat 8.30–12 Uhr

Rauchen

Seit Anfang 2005 ist das Rauchen in öffentlichen Lokalen in Italien verboten. Der Besitzer ist gar dazu angehalten, Verstöße zu melden, die dann mit einer dicken Bußstrafe belegt werden. Wer rauchen möchte, sollte dies also besser im Freien tun. Zigaretten bekommen Sie in Italien ausschließlich in »tabacchi«-Läden, es gibt bis auf wenige Ausnahmen keine Automaten. Nach Ladenschluss wird man in manchen Hotels und Gaststätten fündig.

Reiseknigge

Kleidung: In Kirchen müssen Knie und Schulter bedeckt sein, ansonsten bleibt die Kleiderwahl jedem selbst überlassen. Wer mit zerrissenen Jeans oder kurzen Hosen, weißen Socken und Sandalen durch die Stadt der Mode läuft, wird sich früher oder später etwas unpassend gekleidet fühlen.

Essgewohnheiten: Eine Bar ist kein Nachtlokal, sondern eine Art Café. Man löst an der Kasse einen Bon und nimmt schnell etwas im Stehen zu sich. Im Sitzen kostet es das Doppelte. In einem Restaurant ist es üblich, mehrere Gänge zu bestellen, das Gedeck, »coperto«, kostet immer etwa 1,50 € extra. Zur Pizza trinken die Italiener Bier, wer nach 11 Uhr vormittags einen Cappuccino bestellt, outet sich subito als Tourist.

Sicherheit: Taschendiebe arbeiten bevorzugt überall dort, wo Gedränge entsteht. Eine lose von der Schulter hängende Tasche wirkt wie eine Einladung für Motorradbanden. Sollten Sie mit dem Auto unterwegs sein, stellen Sie es auf bewachten Parkplätzen ab und lassen Sie keine Wertsachen im Wagen liegen.

Reisedokumente

Für die Einreise nach Italien genügt für EU-Bürger der Personalausweis. Autofahrer sollten neben dem Führerschein und dem Kfz-Schein auch die grüne Versicherungskarte mitnehmen.

Reisewetter

In Mailand wie überhaupt in der Poebene herrscht ein Übergangsklima. Das heißt: gemäßigte Winter, heiße Sommer. Während die durchschnittliche Tagestemperatur von Dezember bis Februar um die 5 °C beträgt, liegt sie in den Sommermonaten nur knapp unter 30 °C. Mit einem Niederschlagsjahresmittel von 912 mm ist Mailand recht regenreich; zudem ist die Po-Niederung als Nebelküche berüchtigt.

Die besten Reisezeiten für Mailand sind das Frühjahr und der Herbst. Das Klima ist mild und trocken, windige Tage sorgen für klare Sicht. Mit etwas Glück wird man dann auch mit einer einzigartigen Fernsicht belohnt – an manchen Tagen kann man vom Dach des Mailänder Doms bis zum Monte Rosa schauen. Zudem herrscht dann die Haute Couture in der Modestadt, und die Straßen werden zu einem farbenfrohen Laufsteg. Doch Mailand ist eine Stadt, in der sich der Blick hinter die Kulissen lohnt. Beim genauen Hinsehen hat sogar ein Nebeltag in Mailand seine Reize.

Will man dagegen die Stadt ganz für sich alleine haben, empfiehlt sich der August als Reisemonat. Zu **Ferragosto** strömen die Mailänder aufs Land und ans Meer. Sie müssen aber in Kauf nehmen, dass viele Restaurants und Läden geschlossen sind.

Sport

Sport heißt in Mailand in erster Linie Fußball. Für das »calcio«-Fieber sorgen zwei Fußballklubs der europäischen Spitzenklasse, die im San-Siro-Stadion fast immer vor einem ausverkauften Haus spielen: der **AC Milan** (Via Turati 3; Tel. 02 62 28 56 60; www.acmilan.it), der Club von Silvio Berlusconi, und der **FC Internazionale** (Via Durini 24; Tel. 02 54 914; www.inter.it). Karten gibt es am Stadion San Siro. Kaufen Sie Ihr Ticket immer am Kassenhäuschen die fliegenden Händler verlangen Wucherpreise! **Stadion San Siro** (Stadio calcistico Giuseppe Meazza): Via Piccolomini 5; Bus 95 ab Metro-Station De Angeli, Tram 24; Tickets von 8 bis 135 €. Das Meazza-Stadion kann man besichtigen (tgl. 10–17 Uhr im Rahmen geführter Touren zu 12,50 €).

Wer sich selbst sportlich betätigen möchte, hat dazu in Mailand folgende Möglichkeiten:

MERIAN-Tipp

10 Zu Fuß durch die Stadt

Mailand per pedes erkunden und einen gut informierten einheimischen Spezialisten an Ihrer Seite – im Verkehrsbüro kann man auch Stadtrundgänge zu Fuß buchen. Die Touren dauern zwischen ein und drei Stunden und kosten je nach Dauer der Tour. Der Start ist am Verkehrsbüro, Via Marconi 1, Ecke Piazza Duomo, um 10 Uhr. Vorher anmelden kann man sich unter Tel. 02 72 52 43 01/2/3. Wer lieber fährt, kann die **Tram Turistico Ciao Milano** nehmen; diese Stadtrundfahrt, ebenfalls mit Führer, kostet 20 €, Tickets gibt es ebenfalls im Verkehrsbüro. → S. 114, A 16

Saini → S. 115, nordöstl. F 13
Eines der besten und größten Sportzentren: zwei Fußballplätze, zwölf Tennisplätze, drei Schwimmbäder, vier Krafträume, ein Hockeyfeld.
Via Corelli 136; Tel. 0 27 56 12 80; Bus 73

Golf
Federazione Golf → S. 113, E 9
Via Canonica 5; Tel. 0 27 99 02 40

Pelota → S. 113, F 10
Sferisterio; Via Palermo 10;
Tel. 0 26 57 22 90

Reiten → S. 112, westl. A 9
Centro Ippico Lombardo
Via Fetonte 21

Tennis → S. 111, östl. F 7
Tennis-Club Ambrosiano
Via Feltre 33

Wellness
Moresko → S. 112, A 11
Ein echter Wohlfühltempel: türkisches Bad, Whirlpool, Massagen etc.
Via Rubens; Tel. 0 24 04 69 36; www.moresko.it; Metro: M 1/Piazza dei Angeli
Mi–So 12–22 Uhr, reservieren! ab 30 €

Stadtrundfahrten

Das Fremdenverkehrsamt und das Centro Guide Turistiche organisieren täglich außer montags Stadtrundfahrten. Abfahrt: 9.30 Uhr an der **Piazza del Duomo** neben dem Touristenbüro. Die dreistündige Tour kostet 40 € (www.centroguidemilano.net). Eine Stadtrundfahrt der besonderen Art bieten die Trambahnen 29 und 30 (→ Spaziergänge, S. 80). Eine Stunde lang kutschieren Sie die Bahnen für 20 € quer durch die Stadt (Piazza della Repubblica – Piazza Aquileja).

Telefon

In fast allen Bars und an vielen Plätzen stehen öffentliche Telefone, die mit Telefonkarten funktionieren. Bei der Post und an größeren Kiosken erhalten Sie die »scheda« für 2,50 oder 5 €. Telefonieren können Sie auch in den Büros der Telefongesellschaften:

- Telecom; Galleria Vittorio Emanuele (8–21.30 Uhr); Stazione Centrale (7–20 Uhr)
- ASST, Via Cordusio 4 (24 Std. geöffnet)

Vorwahlnummern

Mailand → D 00 49
Mailand → A 00 43
Mailand → CH 00 41
Anschließend die Ortsnetzkennzahl, dann die Nummer des Teilnehmers.

Seit 1998 gibt es in Italien neue Telefonnummern: Nach der internationalen Vorwahl für Italien (00 39) wird nun die Ziffer 0 vor die Ortskennzahl gesetzt. Beispiel Mailand: 00 39/02/. Zudem muss man nun auch innerhalb Italiens immer die Ortskennzahl mitwählen. Innerhalb Mailands muss also ebenfalls die 02 mitgewählt werden.
Telefonauskunft: 12
Telegrammaufnahme Ausland: 1 85
Zeitansage: 1 61

Handy

In Italien funktionieren Handys fast flächendeckend. Für Ihren Adapter benötigen Sie einen Zwischenstecker. Nummern, die mit 330, 335, 338, 348 etc. beginnen, sind Handynummern. Wenn man länger in Mailand bleibt oder viel telefonieren muss, könnte man sich eine italienische Prepaid-Karte kaufen. Man erhält eine eigene italienische Telefonnummer, über die man ohne Roaming-Kosten erreichbar ist und günstiger nach Deutschland telefonieren kann. Man geht dabei keine Vertragsbindung ein. Handy heißt in Italien übrigens »telefonino« oder »cellulare«.

Tiere

Seit dem 1. Oktober 2004 brauchen Hunde und Katzen auf Reisen innerhalb der EU, also auch in Italien, einen europäischen Heimtierausweis.

Trinkgeld

Ob und wie viel Trinkgeld Sie geben, liegt in Ihrem eigenen Ermessen, denn alle Rechnungen – vom Restaurant bis zum Hotel – beinhalten bereits den Service. Im Normalfall sind Sie je nach Art und Dauer der Dienstleistungen mit Trinkgeldern von 0,25 (Taxifahrer, Tankwart) bis 1 € gut beraten.

In Restaurants empfiehlt es sich, den Rechnungsbetrag aufzurunden oder das Wechselgeld etwas aufzustocken (10–15 %).

Verkehrsverbindungen

Autofahren in Mailand

Überfüllte Straßen, wild hupende Autofahrer, Einbahnstraßen, fehlende Parkplätze – in Mailand herrscht wie in allen italienischen Großstädten ein chaotischer Verkehr. Es empfiehlt sich daher dringend, das Auto in der Hotelgarage oder in einer bewachten Parkgarage abzustellen.

An den Metro-Haltestellen Molino Dorino, Lampugnano, Bisceglie, Sesto Marelli, Cologno, Gessate, Gobba, Crescenzago, Romolo, Rogoredo und San Donato gibt es **Parkplätze**, die von 7 bis 20 Uhr bewacht sind. Im Zentrum können Sie Ihr Auto beruhigt in folgenden **Parkhäusern** abstellen – und, wenn nötig, sogar das Gepäck im Wagen lassen: Autosilo Diaz, Piazza

Diaz 6; Garage Traversi, Via Bagutta 2; Autosilo Comunale, Via Pirelli 39; International Parking, Via Galvani 12.

Sollten Sie das Abenteuer wagen und die Stadt auf vier Rädern entdecken wollen, brauchen Sie einen nach der Schadstoffklasse des Fahrzeugs gestaffelten, sogenannten Eco-Pass. Von Montag bis Freitag von 7.30 bis 18 Uhr ist die Innenstadt offiziell gesperrt. Lassen Sie Ihr Auto niemals offen stehen, lassen Sie nichts sichtbar darin liegen. Ist Ihr Auto verschwunden, haben Sie es vielleicht im **Parkverbot** (»rimozione forzata«) abgestellt. Auskunft darüber bekommen Sie unter der Telefonnummer 02 73 07 27 71 bei »ufficio rimozioni«. Mit dem

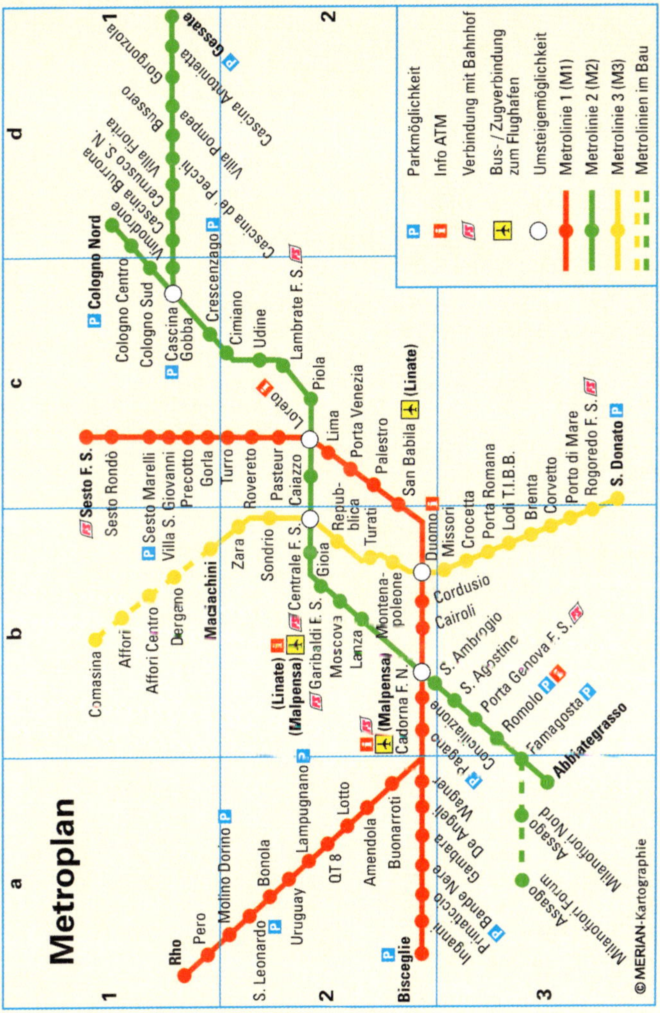

Ausweis »Sostamilano« können Sie in bestimmten eingeschränkten Zonen das Auto abstellen. Er kostet 2,60 €/ 2 Std. und ist überall dort erhältlich, wo es auch Metro-Tickets gibt.

Öffentliche Verkehrsmittel

Mailand hat ein gut ausgebautes öffentliches Verkehrsmittelnetz. Das beliebteste Verkehrsmittel ist sicherlich die U-Bahn. Einstiegstellen sind mit einem großen weißen **M** auf rotem Grund gekennzeichnet. Die normale **Fahrkarte**, die man vor der Fahrt lösen muss, kostet 1 €. Mit ihr kann man 75 Minuten lang alle Linien des Stadtverkehrs – also auch Busse und Straßenbahnen – benutzen. Kaufen können Sie die Fahrkarten an allen Zeitungskiosken, in Bars und Tabakläden. Sollten Sie längere Zeit in Mailand verbringen, lohnen sich spezielle **Sondertarife**: Es gibt einen Block zu zehn Fahrkarten für 9,20 €, ein Ticket für einen Tag (3 €) und ein Ticket für zwei Tage (5,50 €), das Wochenticket kostet 12 € (Passbild erforderlich!). Abstempeln lassen müssen Sie Ihren Fahrschein vor Fahrtantritt im Entwerter des jeweiligen Verkehrsmittels. Die erste Metro fährt um 6 Uhr morgens, die letzte gegen Mitternacht. Ab 24 Uhr gibt es dann einen Busservice, der die Metrolinie 1 während der Nacht ersetzt. Nach Mitternacht sind nur noch die Trambahnen 29 und 30 sowie die Filobusse 90 und 91 unterwegs.

Einen genauen Plan über das gesamte Verkehrsnetz erhalten Sie in den Tourismusbüros sowie an den Metro-Stationen am Dom und am Hauptbahnhof (Schalterstunden von Montag bis Samstag von 7.45 bis 13 und 13.45 bis 19 Uhr).

Taxis

Wenn Sie am Straßenrand stehen und nach einem Taxi winken, werden Sie gewöhnlich lange stehen müssen. Die weißen Autos warten nämlich an den Taxiständen auf Fahrgäste. Man findet sie im gesamten Stadtgebiet, meist an den Hauptverkehrsstraßen. Auskunft über den nächsten Stand gibt Ihnen auch der Hotelportier. Oder Sie rufen eine der folgenden Nummern an: Tel. 02 31 00, 02 67 67, 02 83 83. Taxifahren ist relativ kostspielig, die Preise richten sich nach der Dauer der Fahrt, die Tarife wechseln zudem häufig. Zuschläge werden für Gepäck und für Nachtfahrten verlangt.

Wirtschaft

Nach der Hauptstadt Rom ist Mailand politisch, kulturell und ökonomisch die wichtigste Stadt Italiens. In Industrie, Handel, Bank- und Verlagswesen sowie in der Werbung und Mode nimmt es gar den ersten Rang ein. Den rund 1,5 Mio. Einwohnern bietet die Stadt über 800 000 Arbeitsplätze – mit einem Einkommen, das etwa doppelt so hoch ist wie im restlichen Italien.

Seinen Wohlstand verdankt Mailand vor allem der geografischen Lage nahe der Alpenübergänge bzw. an wichtigen Straßen des Voralpengebiets. Die lombardische Ebene gehört seit Urzeiten zu den landwirtschaftlich fruchtbarsten Gebieten Italiens. Die einzige bedeutende Börse Italiens hat in Mailand ihren Sitz – ein Viertel des italienischen Außenhandels läuft über Mailand. Beinahe an jedem Tag des Jahres findet auf dem 400 000 qm großen Messegelände eine nationale oder internationale Messe statt.

Zeitungen

Die wichtigsten Mailänder Zeitungen sind »Corriere della Sera«, »Repubblica«, »L'Unità«, »Il Giorno« und »La Notte«. Der »Corriere della Sera« kommt jeden Mittwoch mit einer Wochenbeilage namens »Vivi Milano« heraus, die »Repubblica« jeden Donnerstag mit »Tutto Milano«. Darin finden Sie eine Auflistung aller Veranstaltungstermine für die darauf folgende Woche sowie Kinotipps und Restaurantempfehlungen.

Kartenatlas

Orientierung leicht gemacht: mit Planquadraten und allen Orten und Sehenswürdigkeiten.

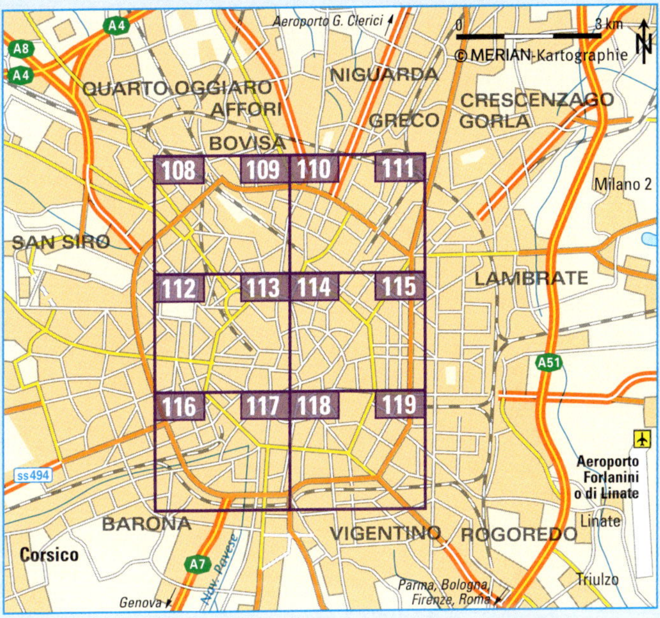

Legende

Spaziergänge

- Das elegante Mailand (S. 74)
- Auf den Spuren der Vergangenheit (S. 75)
- Im Modemekka (S. 76)
- Mailand am Wasser (S. 78)
- Mit der Trambahn (S. 80)

Sehenswürdigkeiten

- MERIAN-TopTen
- MERIAN-Tipp
- Sehenswürdigkeit, öffentl. Gebäude
- Sehenswürdigkeit Kultur
- Sehenswürdigkeit Natur
- Kirche; Kloster
- Schloss, Burg; Ruine

Sehenswürdigkeiten ff.

- Museum
- Denkmal
- Synagoge

Verkehr

- Autobahn
- Autobahnähnliche Straße
- Fernverkehrsstraße
- Hauptstraße
- Nebenstraße
- Unbefestigte Straße, Weg
- Fußgängerzone
- Parkmöglichkeit
- Busbahnhof, Bushaltestelle

Verkehr ff.

- Metrostation
- Bahnhof
- Schiffsanleger
- Flughafen
- Flugplatz

Sonstiges

- Information
- Theater
- Zoo
- Botschaft, Konsulat
- Friedhof
- Jüdischer Friedhof

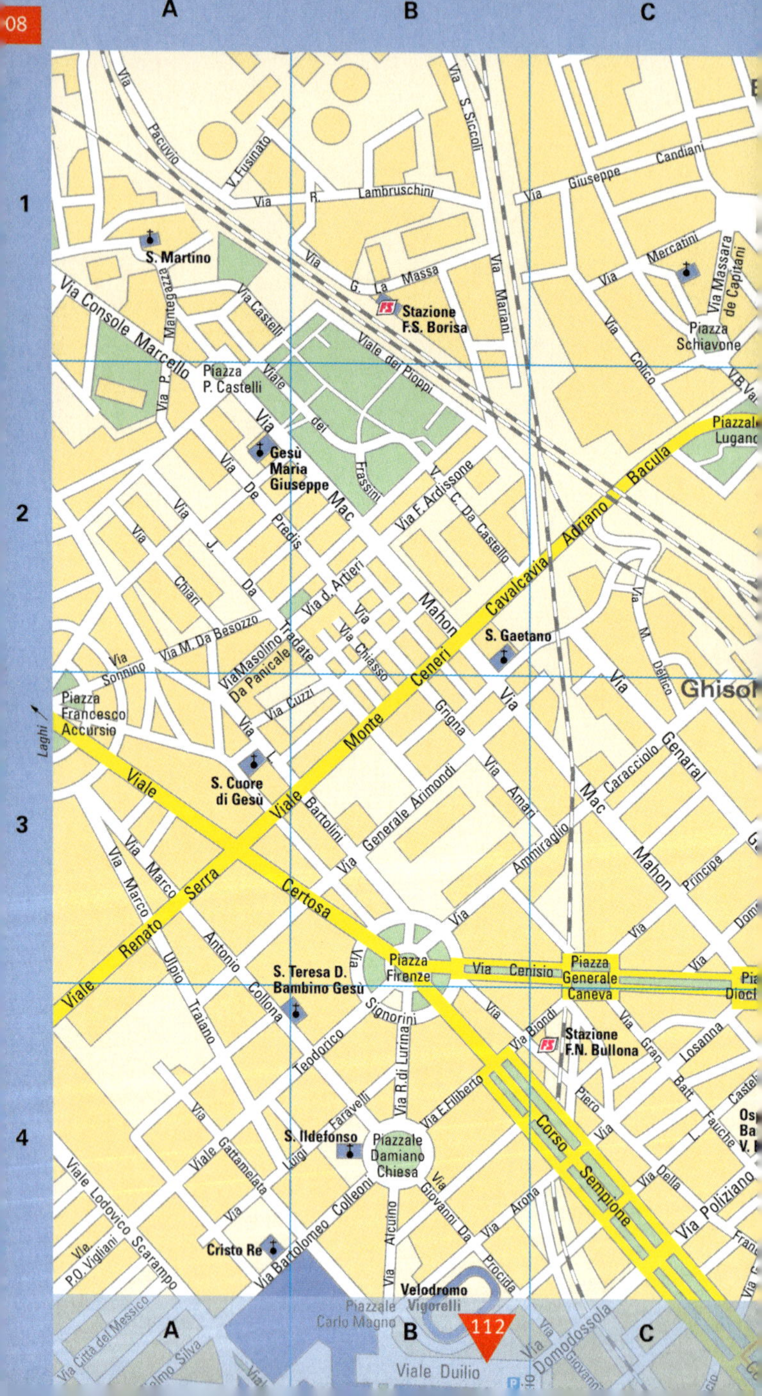
A
B
C
1
2
3
4
Via Pacuvio
V. Fusinato
Via R. Lambruschini
Via S. Siccoli
Via Giuseppe Candiani
S. Martino
Via G. La Massa
Stazione F.S. Borisa
Via Mariani
Via Mercatini
Via Massara de Capitani
Piazza Schiavone
Via Console Marcello
Via Mantegazza
Via Castelli
Viale dei Pioppi
Via Colico
Piazza P. Castelli
Viale dei Frassini
Via P.
Via Mac Mahon
Gesù Maria Giuseppe
Piazzale Lugano
Viale Adriano Bacula
Cavalcavia
Via De Predis
Via J. Da Tradate
Via Chiari
Via F. Ardissone
V. C. Da Castello
Via d. Artieri
Via Chiasso
Via M. Da Besozzo
Via Sonnino
Via Masolino Da Panicale
S. Gaetano
Via M. Delfico
Ghisol
Piazza Francesco Accursio
Laghi
Via Cuzzi
Via L.
Viale Monte Ceneri
Via Grigna
Via Caracciolo
Generale
S. Cuore di Gesù
Viale Bartolini
Via Generale Arimondi
Via Amari
Via Ammiraglio
Viale Certosa
Via Marco
Via Marco Ulpio Traiano
Via Principe
Viale Renato Serra
Via Antonio Collona
Piazza Firenze
Via Cenisio
Piazza Generale Caneva
S. Teresa D. Bambino Gesù
Via Signorini
Via Biondi
Stazione F.N. Bullona
Via Gran
Losanna
Via Teodorico
Via R. di Lurina
Via E. Filiberto
Piero
Batt.
Fauche
Via Faravelli
S. Ildefonso
Piazzale Damiano Chiesa
Corso Sempione
Viale Gattamelata
Luigi
Viale Lodovico Scarampo
Via Giovanni Da Procida
Via Arona
Via Della
Via Poliziano
Via Bartolomeo Colleoni
Via Alcuino
Vle. P.O. Vigliani
Cristo Re
Velodromo Vigorelli
Piazzale Carlo Magno
Via Città del Messico
Viale Duilio
Via Domodossola

112

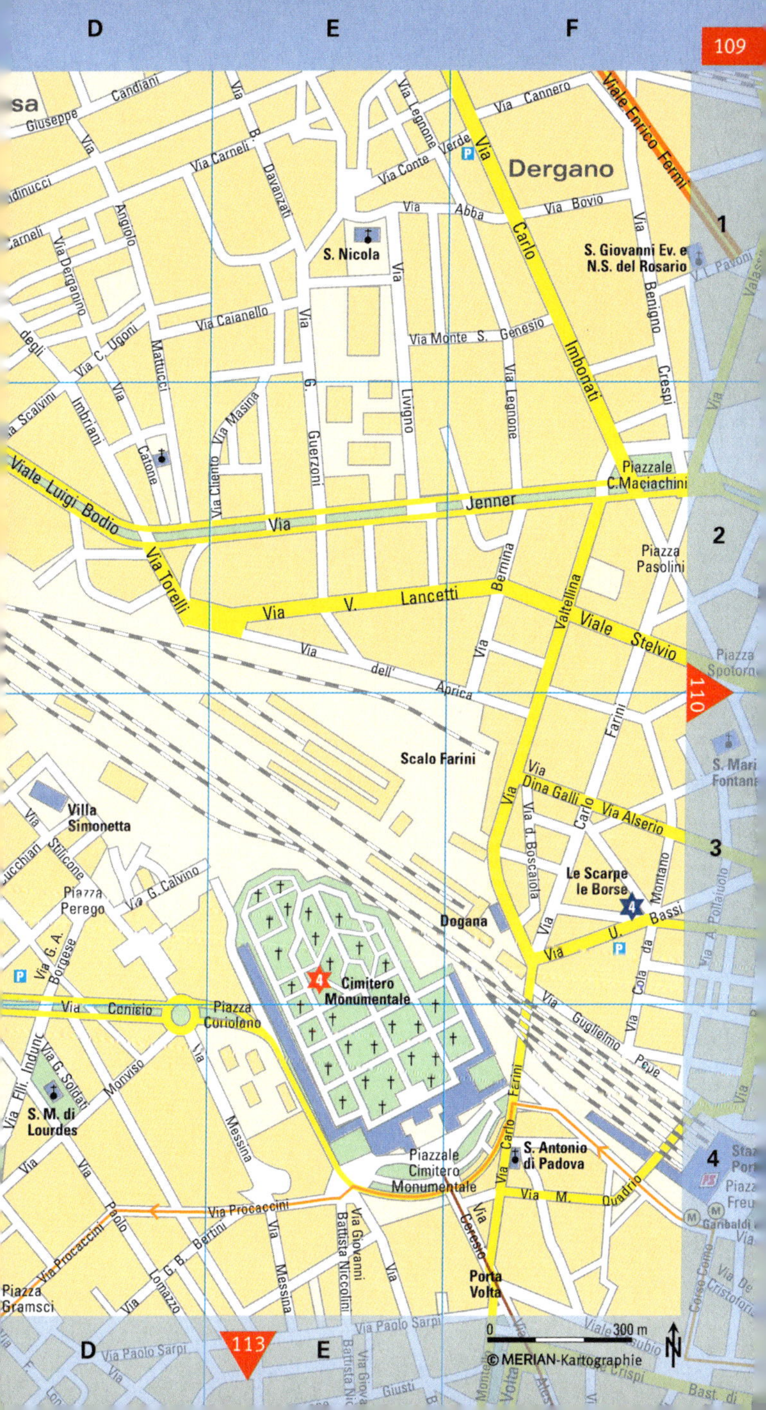
D
E
F
1
2
3
4
Dergano
Via Candiani
Via Giuseppe
Via Carneli
Via Davanzati
Via Legnone
Via Conte Verde
Via Cannero
Viale Enrico Fermi
Via Abba
Via Bovio
Via Carlo Imbonati
S. Nicola
S. Giovanni Ev. e N.S. del Rosario
Via Benigno Crespi
V. L. Pavoni
Via Valassina
Via Angiolo Mattucci
Via Dergano
Via Dergamino
Via Caianello
Via Monte S. Genesio
Via C. Ugoni
Via Scalvini
Via Imbriani
Via Catone
Via Cilento
Via Masina
Via G. Guerzoni
Via Livigno
Via Legnone
Piazzale C.Maciachini
Viale Luigi Bodio
Via Jenner
Via Torelli
Piazza Pasolini
Via V. Lancetti
Via Bernina
Via Valtellina
Viale Stelvio
Piazza Spotorno
Via dell' Aprica
Via Farini
Scalo Farini
S. Maria Fontana
Villa Simonetta
Via Dina Galli
Via Alserio
Via Carlo Farini
Via d. Boscaiola
Via Stilicone
Via G. Calvino
Piazza Perego
Le Scarpe le Borse
Via Montano
Via U. Bassi
Via A. Pollaiuolo
Dogana
Via G. A. Borgese
Cimitero Monumentale
Via Cola da Montano
Via Guglielmo Pepe
Via Canicio
Piazza Coriolano
Via Messina
Via G. Soldati
Via Flli. Induno
Via Monviso
S. M. di Lourdes
Piazzale Cimitero Monumentale
S. Antonio di Padova
Via M. Quadrio
Via Paolo Lomazzo
Via Procaccini
Via Ceresio
Via G. B. Bertini
Via Giovanni Battista Niccolini
Porta Volta
Piazza Gramsci
Via Paolo Sarpi
Corso Como
Via De Cristoforis
Piazza Freud
Garibaldi
Viale Pasubio
Via Crispi
Bast. di
Giusti
Volta
0
300 m
© MERIAN-Kartographie
110
113

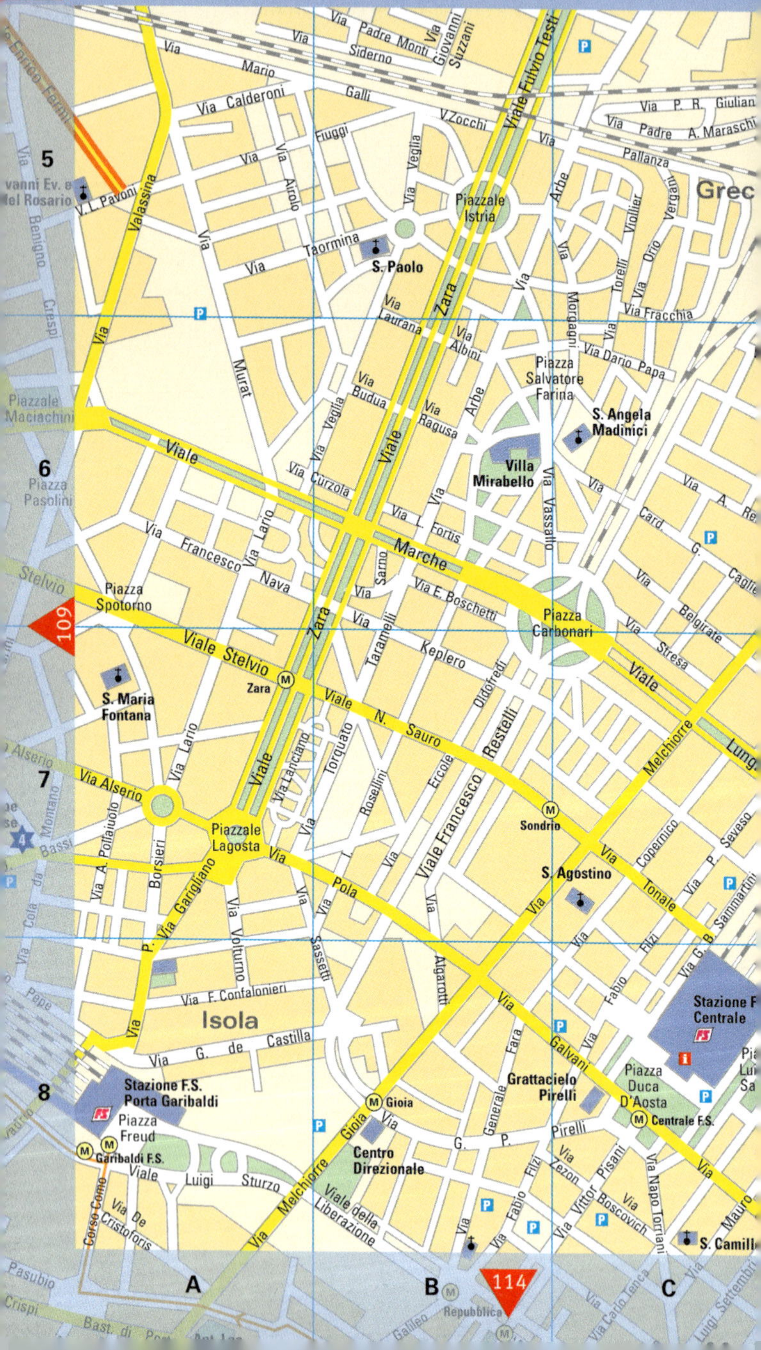
A
B
C
5
6
7
8
Via Padre Monti
Via Giovanni Suzzani
Via Siderno
Via Mario
Galli
Via Calderoni
Via Fuggi
V. Zocchi
Viale Fulvio Testi
Via P. R. Giulian
Via Padre A. Maraschi
Via Pallanza
Grec
Via Enrico Fermi
V. L. Pavoni
Via Valassina
Via Airolo
Via Veglia
Piazzale Istria
Via Arbe
Via Viollier
Via Vergani
Via Taormina
S. Paolo
Via Murat
Via Zara
Via Laurana
Via Albini
Via Morgagni
Via Torelli
Via Orio
Via Fracchia
Via Dario Papa
Piazza Salvatore Farina
Via Budua
Via Ragusa
S. Angela Madinici
Villa Mirabello
Via Vassallo
Piazzale Maciachini
Via Benigno Crespi
Viale Marche
Via Curzola
Via L. Fortis
Via Card. G. Cagliero
Via A. Re
Piazza Pasolini
Via Francesco Nava
Via Lario
Via Sarno
Via E. Boschetti
Piazza Carbonari
Via Belgirate
Via Stresa
Viale Lunigiana
Stelvio
Piazza Spotorno
109
Viale Stelvio
Via Taramelli
Via Keplero
Via Oldofredi
Zara
S. Maria Fontana
Viale N. Sauro
Via Lanciano
Via Torquato
Via Restelli
Via Melchiorre
Via Alserio
Via Rosellini
Via Ercole
Viale Francesco
Sondrio
Via Copernico
Via Seveso
Via A. Pollaiuolo
Via Borsieri
Piazzale Lagosta
Via Pola
S. Agostino
Via Tonale
Via P. Sammartini
Via Bassi
Via Montano
Via Garigliano
Via Volturno
Via Sassetti
Via Algarotti
Via Fabio Filzi
Via G. B. Sammartini
Via Cola da Rienzo
Via Pepe
Via F. Confalonieri
Isola
Via Galvani
Via G. de Castilla
Stazione F.S. Centrale
Stazione F.S. Porta Garibaldi
Grattacielo Pirelli
Piazza Duca D'Aosta
Via Fara
Piazza Freud
Gioia
Via Gioia
Via G. B. Pirelli
Centrale F.S.
Garibaldi F.S.
Viale Luigi Sturzo
Centro Direzionale
Via Zezon
Via Vittor Pisani
Via Napo Torriani
Via De Cristoforis
Corso Como
Viale della Liberazione
Via Boscovich
Via Mauro
S. Camillo
Pasubio
Crispi
114
Repubblica
Galileo
Via Carlo Tenca
Luigi Settembrini

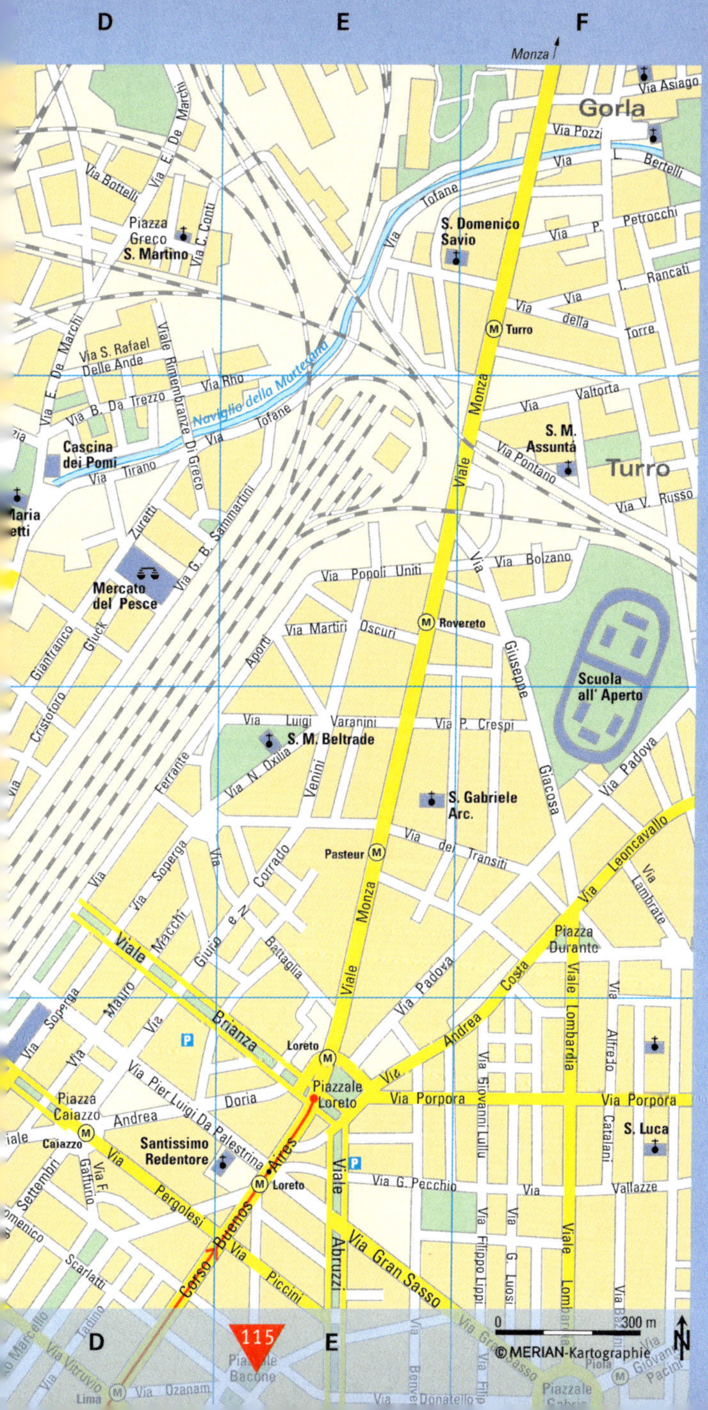
D
E
F
Monza
Gorla
Via Asiago
Via Pozzi
Via
L. Bertelli
Via Tofane
S. Domenico
Savio
Via P. Petrocchi
I. Rancati
Via della Torre
Turro
Via Bottelli
Via E. De Marchi
Piazza
Greco
S. Martino
Via C. Conti
Via S. Rafael
Delle Ande
Viale Rimembranze Di Greco
Via Rho
Via B. Da Trezzo
Naviglio della Martesana
Via Tofane
Cascina
dei Pomi
Via Tirano
Via Valtorta
Viale Monza
S. M.
Assuntá
Via Pontano
Turro
Via V. Russo
Maria
etti
Zuretti
Via G. B. Sammartini
Mercato
del Pesce
Via Bolzano
Via Popoli Uniti
Roveretto
Via Martiri Oscuri
Aporti
Gianfranco
Gluck
Cristoforo
Giuseppe Giacosa
Scuola
all' Aperto
Via Luigi Varanini
Via P. Crespi
S. M. Beltrade
Via N. Oxilia
Venini
Ferrante
S. Gabriele
Arc.
Via Padova
Via dei Transiti
Pasteur
Via Leoncavallo
Via Lambrate
Via Soperga
Via Corrado
Via Macchi
Giulio e N.
Battaglia
Viale Monza
Piazza
Durante
Viale Lombardia
Via Padova
Via Andrea Costa
Viale Brianza
Via Mauro
Via Soperga
Via
Loreto
Piazzale
Loreto
Via Porpora
Via Giovanni Lulli
Via Alfredo Catalani
Via Porpora
S. Luca
Via Pier Luigi Da Palestrina
Doria
Piazza
Caiazzo
Andrea
Caiazzo
Santissimo
Redentore
Via Pergolesi
Via F. Gaffurio
Settembri
Viale
Loreto
Corso Buenos Aires
Viale Abruzzi
Via G. Pecchio
Via Vallazze
Via Gran Sasso
Via Filippo Lippi
Via G. Luosi
Viale Lombardia
Scarlatti
Via Piccini
0
300 m
N
115
Piazzale
Bacone
D
E
© MERIAN-Kartographie
Via Vitruvio
Lima
Via Ozanam
Via Donatello
Piazzale
Piola

A
B
C
108
116
9
10
11
12
Cristo Re
Via Bartolomeo
Vle P.O. Vigliani
vico Scarampo
Velodromo Vigorelli
Piazzale Carlo Magno
Via Città del Messico
Via Guglielmo Silva
Viale del Lavoro
Viale Duilio
Via Domodossola
Via Giovanni Da Procida
Via Francesco Ferruccio
Viale d. Tecnica
Fiera Internazionale
Piazza Italia
Viale d. Commercio
Viale d. Industria
Piazzale Arduino
Via S. del Piombo
Istituto di Estere
Villa Simonetta, San Siro
Vle. S. Boezio
Vle. S. Cassiodoro
Piazza VI Febbraio
Via Nievo
Via Comerio
Via Pagliano
Via A. Spinola
Via Senofonte
Largo Africa
Piazza Giovanni XXIII
Via Vincenzo
Amendola Fiera
Via P. Da Volpedo
Via Domenichino
Via Monte Rosa
Piazzale Giulio Cesare
Sacra Famiglia
Via Ippolito
Via Reggimento Savoia Cavalleria
Via G. Rossetti
Mater Amabilis
Buonarroti
Via Tiziano
Via A. Panzini
Via Gaetano Previati
Via Alberto Mario
Correggio
Buonarroti
Casa di Riposo G. Verdi
G. Verdi
Piazza M. Buonarroti
Via Pallavicino
Via Mario Lorenzo
Via C. Ravizza
Sanzio
Via Michel.
S. Pietro in Sala
Via Pier Capponi
Via A. Da Giussano
Via Raffaello
Via Burchiell
Via G. d'Arezzo
Pagano
Novara
Via Marghera
Wagner
Via Giotto
Belfiore
De Angeli
Piazza de Angeli
Via V. Cuneo
Piazza Piemonte
Corso Vercelli
Piazza Baracca
Porta Magenta
Via Sardegna
Via Seprio
Via Giuseppe Frua
Piazza Sicilia
Via Washington
Via Elba
Via Cimarosa
Via Paolo
Via B. Panizza
Viale S. Michele del Carso
Viale di Porta Vercellina
Viale Egisto Bezzi
Via dei Gracchi
Via M.de.Raddei
Via Volterra
Via S. Caboto
Via Andrea Verga
Via Giovio
Via S. Eusebio
Via G. Alessandri
Via Giuseppe Dezza
Via Lipari
Piazza Aquileia
Via Massaua
Via A. Cecchi
Via Digione
Via Giorgio
Via Boni
Via Egadi
Via d. Caravaggio
Piazzale Tripoli
Via Roncaglia
Via Stromboli
Via California
Via Vincenzo Foppa
Parco Solari
Piazzale de Agostini
Via Tagiura
Zuara
Viale Misurata
S. Maria

D
E
F
109
117
114
9
10
11
12
Piazza Gramsci
Via Paolo Sarpi
Viale Pasubio
Viale Crispi
Porta Volta
Via Giovanni Battista Niccolini
Via Giusti
Via Giuseppe
Via Bramante
Viale Montello
Bastioni di Porta Volta
Via Alessandro Volta
Via Varese
Corso Garibaldi
Tombone S. Marco
Via Londonio
Via Luigi Canonica
Via Alfieri
Piazza Santissima Trinità
Via Giannone
Via Melzi D'Eril
Via della Moscova
Largo La Foppa
Moscova
Via Statuto
Sempione
Via Canova
Viale Elvezia
Via Legnano
Piazza Sempione
Via Bertani
Arena
Chiesa Anglicana
Via Palermo
Lgo. Treves
o Sangiorgio
Via Guerrazzi
Arco d. Pace
Viale Cervantes
Parco Sempione
Corpus Domini
Viale Goethe
Via Malta
Civico Acquario
Via Anfiteatro
Corso Garibaldi
San Simpliciano
Via Pagano
Viale Milton
Pal. dell'Arte
Viale Shakespeare
Viale Schiller
Piccolo Teatro Studio
Via Gadio
Foro
Via Pontaccio
Via Fiori Chiari
Via Madonnina
Lanza
Pinacoteca di Brera
Museo del Castello Sforzesco
Museo d'Arte Antica
Castello Sforzesco
Piazza Castello
Buonaparte
Via Mercato
Pal. Cusani
Via Molière
Viale E. Alemagna
Via Zola
Via Petrarca
Via Tasso
Via XX Settembre
Via Leopardi
Mus. d'Arte e Scienza
S. Maria d. Carmine
Via Vetero
Via Ponte
Via dell'Orso
Stazione Nord
Piazzale Cadorna
Cadorna
Via Vincenzo
Via A. Saffi
Piazza Virgilio
Cairoli
Largo Cairoli
Via Cusani
Museo Teatrale
Via Broletto
Giovanni Boccaccio
Cenacolo Vinciano
Via Monti
Via Carducci
Foro Buonaparte
Via Puccini
Teatro Dal Verme
Via Dante
Pal. Clerici
Piazza Santa Maria delle Grazie
Santa' Maria delle Grazie
Pal. Litta
Piccolo Teatro
Magenta
Corso Magenta
Via Meravigli
Piazza Cordusio
Istituto di Tecnologia
San Maurizio
Borsa
Museo Archeologico
Via S. Agnese
Via Bocconi
Piazza degli Affari
Tratt. Milanese
Via Ansperto
Via Zenale
Via De Togni
Via Gosue
Ospedale S. Giuseppe
Piazza Borromeo
Pinacoteca Ambrosiana
San Vittore
Palazzo Stanga
Pal. Borromeo
Via S. Orsola
S. Sepolcro
Museo Nazionale d. Scienza e d. Tecnica Leonardo Da Vinci
Basilica d. Sant' Ambrogio
Via Olivetani
San Vittore al Corpo
Sant' Ambrogio
Università Cattolica (Sacro Cuore)
Via Cappuccio
Piazza Mentana
Pal. Castani
Via Torino
Satiro
Piazza Missori
Museo della Criminologia e Armi Antiche
S. Agostino
Civico Museo Studio di F. Messina
S. Alessandro
S. Giorgio al Palazzo
Missori
Via Olona
Via Carroccio
Via E. De Amicis
Via Lanzone
Via Torino
Largo Carrobio
Via Numa Pompilio
Via Ausonio
S. Bernardino a. Monache
V. C. Correnti
Via San Vito
Via Olmetto
Via Amedei
Corso Italia
Piazza S. Agostino
Sant' Agostino
Via Aristide
Piazza Resistenza Partigiana
Via San Vincenzo
Via San Calogero
Via Ticinese
S. Lorenzo
Piazza della Vetra
Via Disciplini
Viale Papiniano
Via Cesare da Sesto
Via Molino delle Armi
Anfiteatro Romano
Parco
0
300 m
N
© MERIAN-Kartographie

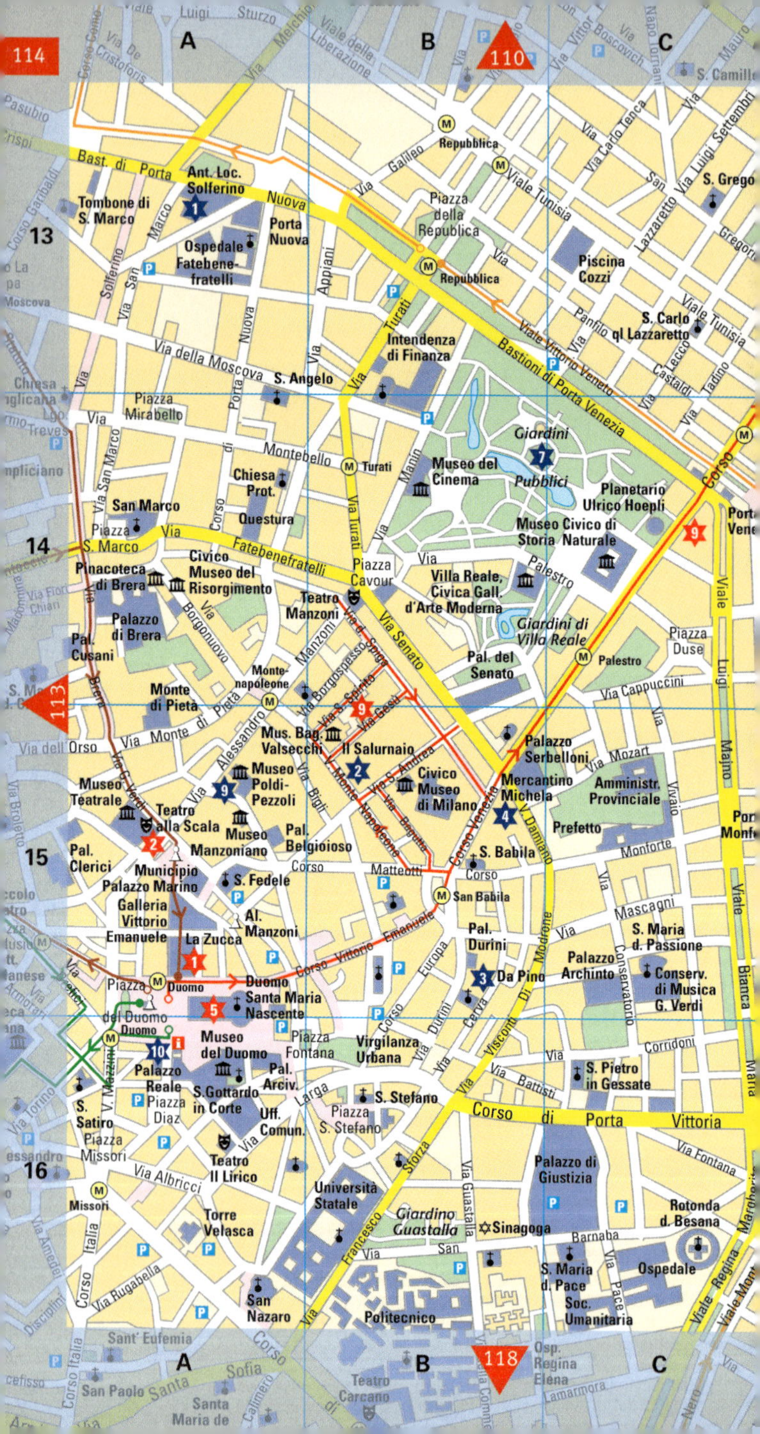
A
B
C
110
13
14
15
16
113
118
Bast. di Porta Nuova
Ant. Loc. Solferino
Tombone di S. Marco
Porta Nuova
Ospedale Fatebene-fratelli
Via della Moscova
S. Angelo
Repubblica
Piazza della Republica
Viale Tunisia
Piscina Cozzi
S. Carlo al Lazzaretto
S. Grego
Intendenza di Finanza
Bastioni di Porta Venezia
Viale Vittorio Veneto
Piazza Mirabello
Montebello
Turati
Via Turati
Museo del Cinema
Giardini Pubblici
Planetario Ulrico Hoepli
Museo Civico di Storia Naturale
Chiesa Prot.
Questura
San Marco
Piazza S. Marco
Via Fatebenefratelli
Civico Museo del Risorgimento
Pinacoteca di Brera
Palazzo di Brera
Pal. Cusani
Piazza Cavour
Teatro Manzoni
Via Senato
Villa Reale, Civica Gall. d'Arte Moderna
Giardini di Villa Reale
Pal. del Senato
Palestro
Piazza Duse
Via Cappuccini
Viale Luigi Majno
Monte di Pietà
Montenapoleone
Via Monte di Pietà
Via dell'Orso
Mus. Bag. Valsecchi
Il Salurnaio
Civico Museo di Milano
Palazzo Serbelloni
Via Mozart
Mercantino Michela
Amministr. Provinciale
Prefetto
Museo Teatrale
Teatro alla Scala
Museo Poldi-Pezzoli
Museo Manzoniano
Pal. Belgioioso
Via Bigli
Corso Venezia
S. Babila
San Babila
Corso Matteotti
Monforte
Pal. Clerici
Municipio Palazzo Marino
S. Fedele
Galleria Vittorio Emanuele
La Zucca
Al. Manzoni
Corso Vittorio Emanuele
Pal. Durini
Mascagni
S. Maria d. Passione
Palazzo Archinto
Conserv. di Musica G. Verdi
Da Pino
Piazza del Duomo
Duomo
Duomo Santa Maria Nascente
Museo del Duomo
Piazza Fontana
Virgilanza Urbana
Corridoni
S. Pietro in Gessate
Via Battisti
Palazzo Reale
Pal. Arciv.
S. Gottardo in Corte
Uff. Comun.
S. Stefano
Piazza S. Stefano
Corso di Porta Vittoria
Piazza Diaz
S. Satiro
Piazza Missori
Missori
Teatro Il Lirico
Via Albricci
Via Larga
Palazzo di Giustizia
Via Fontana
Università Statale
Giardino Guastalla
Sinagoga
Rotonda d. Besana
Torre Velasca
Via Francesco Sforza
Via San Barnaba
S. Maria d. Pace
Soc. Umanitaria
Ospedale
San Nazaro
Politecnico
Via Rugabella
Viale Regina Margherita
Sant' Eufemia
Corso Italia
San Paolo
Santa Maria de
Teatro Carcano
Osp. Regina Elena
Lamarmora

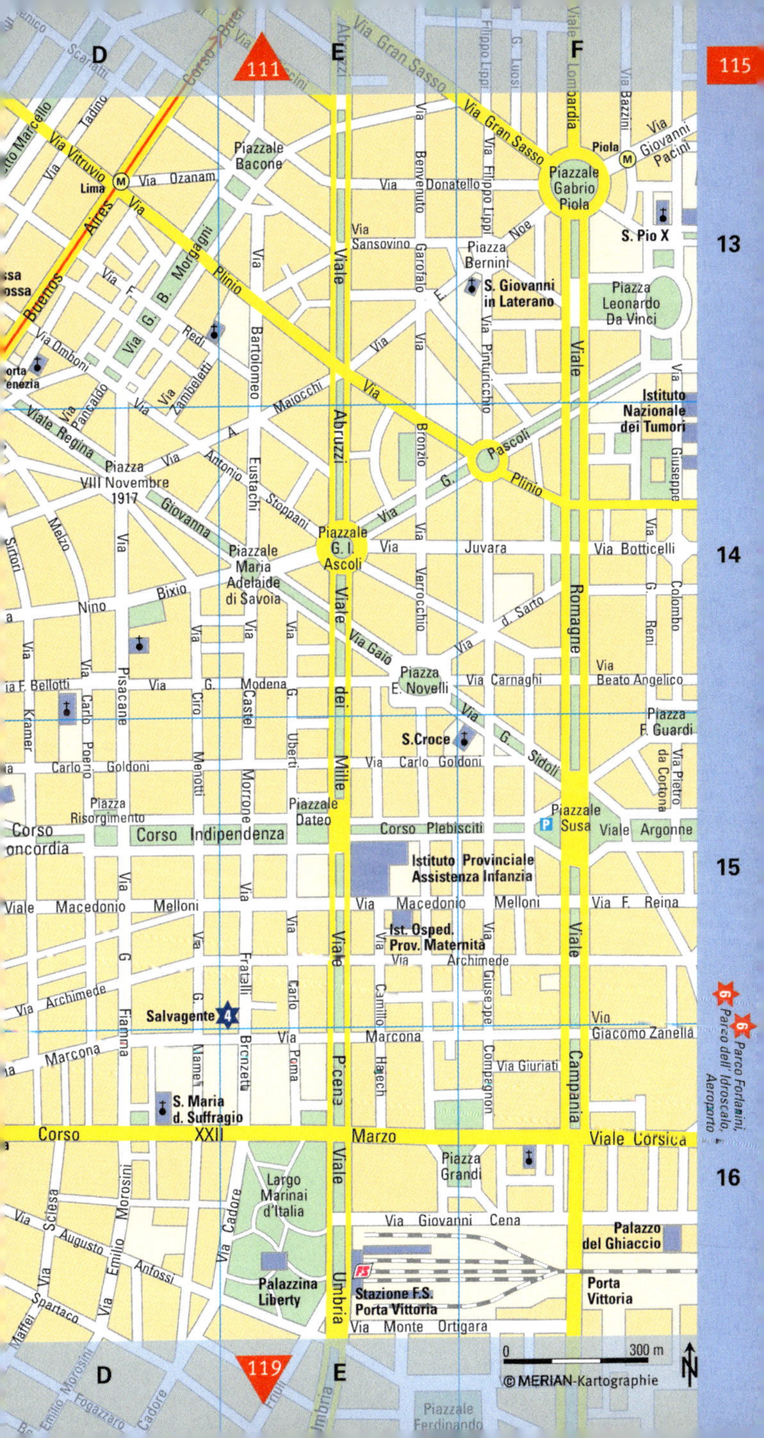
D
E
F
111
119
13
14
15
16
Via Gran Sasso
Viale Lombardia
Via Bazzini
Via Giovanni Pacini
Piola
Piazzale Gabrio Piola
S. Pio X
Via Filippo Lippi
G. Luosi
Via Vitruvio
Lima
Via Ozanam
Piazzale Bacone
Via Donatello
Via Benvenuto
Via Sansovino
Garofalo
Noe
Piazza Bernini
S. Giovanni in Laterano
Piazza Leonardo Da Vinci
Buenos Aires
Via Plinio
Via Morgagni
Via G. B.
Redi
Zambeletti
Via Ombonì
Bartolomeo
Via Pinturicchio
Viale Abruzzi
Istituto Nazionale dei Tumori
Via Giuseppe Colombo
Viale Regina
Pancaldo
Maiocchi
A.
Piazza VIII Novembre 1917
Via Antonio Stoppani
Giovanna
Eustachi
Bronzio
Pascoli
Plinio
Via G.
Piazzale G. I. Ascoli
Via Juvara
Via Botticelli
Viale Romagna
Piazzale Maria Adelaide di Savoia
Nino Bixio
Melzo
Sirtori
Via Verrocchio
d. Sarto
G. Reni
Via Gaio
Piazza E. Novelli
Via Carnaghi
Via Beato Angelico
Viale dei Mille
Via F. Bellotti
Kramer
Carlo Poerio
Pisacane
Via G. Modena
Ciro Menotti
Castel Morrone
G. Uberti
Via G. Sidoli
S.Croce
Piazza F. Guardi
Via Pietro da Cortona
Via Carlo Goldoni
Piazza Risorgimento
Piazzale Dateo
Corso Plebisciti
Piazzale Susa
Viale Argonne
Corso Concordia
Corso Indipendenza
Istituto Provinciale Assistenza Infanzia
Viale Macedonio Melloni
Via Macedonio Melloni
Via F. Reina
Ist. Osped. Prov. Maternità
Via Archimede
Via Giuseppe Compagnoni
Viale Campania
Via Archimede
G. Fiamma
Salvagente
4
Fratelli Bronzetti
Carlo Poma
Camillo Hajech
Via Giacomo Zanella
Via Marcona
Via Giuriati
G. Mameli
Viale Piceno
S. Maria d. Suffragio
Corso XXII Marzo
Viale Corsica
6
Parco Forlanini, Parco dell'Idroscalo, Aeroporto
Piazza Grandi
Largo Marinai d'Italia
Via Giovanni Cena
Palazzo del Ghiaccio
Via Sciesa
Via Augusto Anfossi
Via Emilio Morosini
Via Cadore
Palazzina Liberty
Viale Umbria
Stazione F.S. Porta Vittoria
Porta Vittoria
Via Spartaco
Maffei
Via Monte Ortigara
0
300 m
N
© MERIAN-Kartographie
Piazzale Ferdinando
Emilio Morosini
Fogazzaro
Cadore
Friuli
Umbria

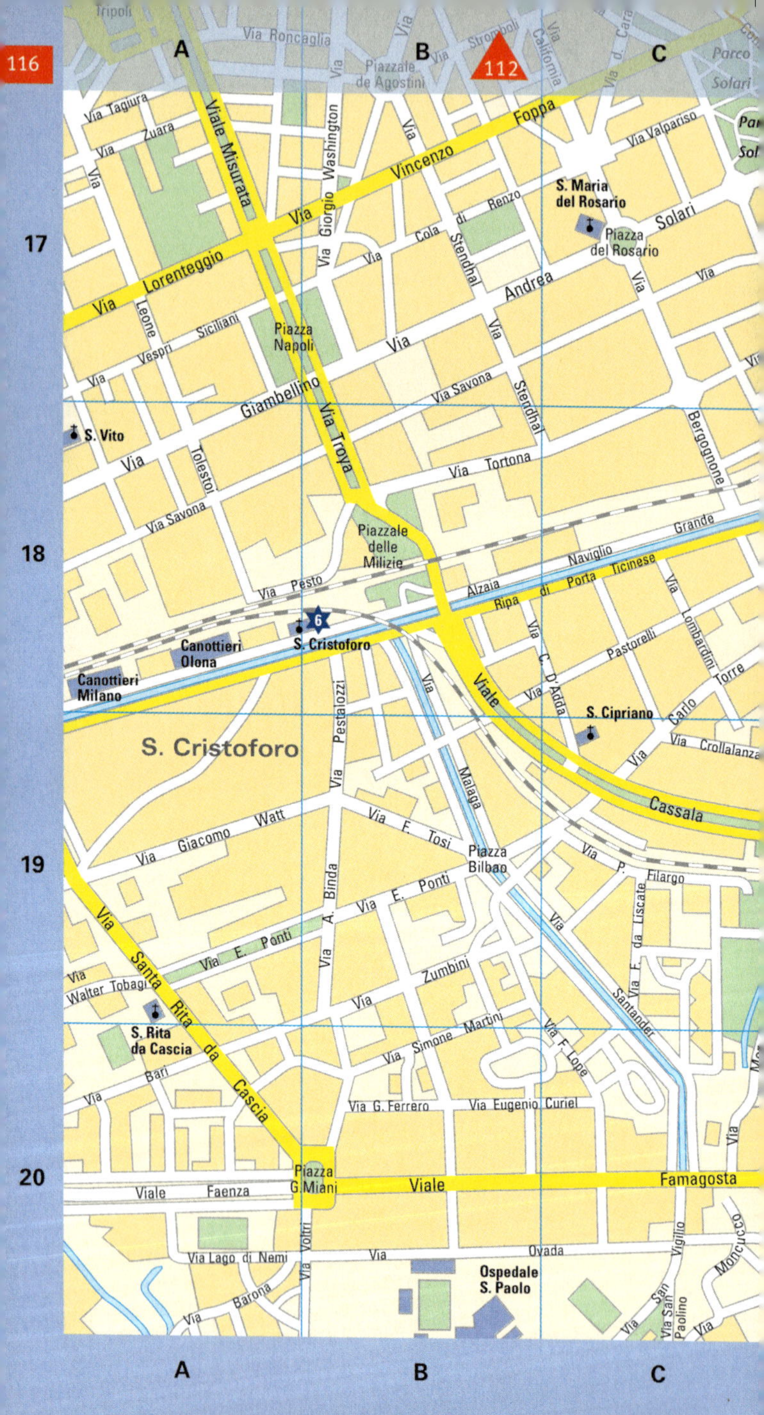
112
A
B
C
17
18
19
20
Via Roncaglia
Piazzale de Agostini
Via Stromboli
Via California
Parco Solari
Via Tagiura
Via Zuara
Viale Misurata
Via Giorgio Washington
Via Vincenzo Foppa
Via Valparaiso
S. Maria del Rosario
Piazza del Rosario
Via Solari
Via Lorenteggio
Via Cola di Renzo
Via Stendhal
Via Andrea
Via Leone
Via Vespri Siciliani
Piazza Napoli
Via Giambellino
Via Savona
Via Troya
S. Vito
Via Tolestoi
Via Tortona
Via Bergognone
Piazzale delle Milizie
Via Pesto
Alzaia Naviglio Grande
Ripa di Porta Ticinese
Canottieri Olona
Canottieri Milano
S. Cristoforo
6
Via C. D'Adda
Via Pastorelli
Via Lombardini
Via Carlo Torre
S. Cipriano
Via Crollalanza
Viale Cassala
Via Pestalozzi
Via Malaga
Via Giacomo Watt
Via F. Tosi
Piazza Bilbao
Via P. Filargo
Via A. Binda
Via E. Ponti
Via F. da Liscate
Via Santa Rita da Cascia
Via Walter Tobagi
S. Rita da Cascia
Via Zumbini
Via Santander
Via Simone Martini
Via F. Lope
Via Bari
Via G. Ferrero
Via Eugenio Curiel
Piazza G. Miani
Viale Faenza
Viale Famagosta
Via Voltri
Via Lago di Nemi
Via Ovada
Ospedale S. Paolo
Via Vigilio
Via Moncucco
Via Barona
Via San Paolino

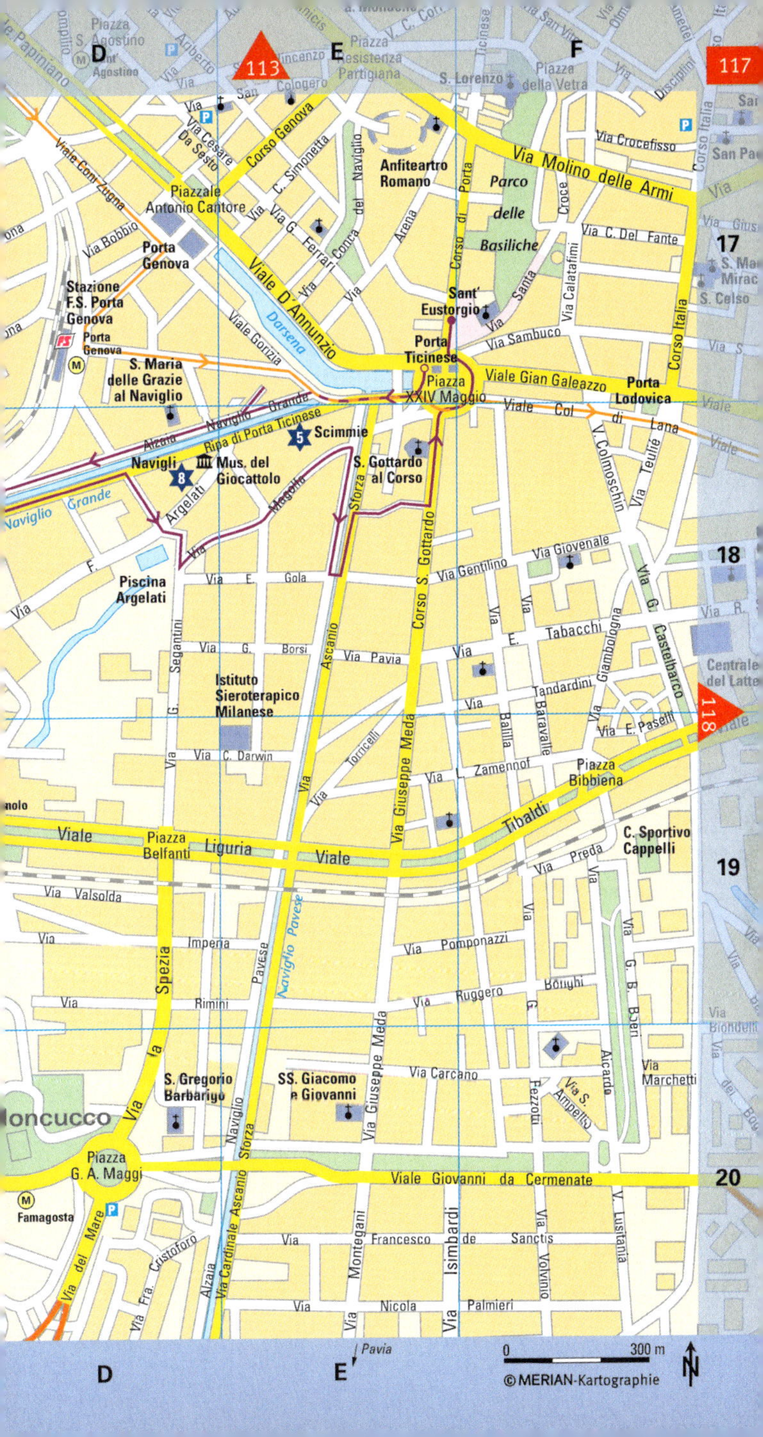
D
E
F
113
118
17
18
19
20
Piazza S. Agostino
Piazza Resistenza Partigiana
S. Lorenzo
Piazza della Vetra
Via Crocefisso
Corso Italia
San Pa
Via Molino delle Armi
Anfiteatro Romano
Parco delle Basiliche
Corso di Porta
Croce
Via C. Del Fante
Via Calatafimi
Via Santa
Sant' Eustorgio
Via Sambuco
S. Celso
Corso Genova
Via Cesare Da Sesto
Via San Cologero
C. Simonetta
Via Conca del Naviglio
Via Arena
Via G. Ferrari
Piazzale Antonio Cantore
Viale Coni Zugna
Via Bobbio
Porta Genova
Stazione F.S. Porta Genova
Porta Genova
Viale D'Annunzio
Darsena
Viale Gorizia
Porta Ticinese
Piazza XXIV Maggio
Viale Gian Galeazzo
Porta Lodovica
Viale Col di Lana
S. Maria delle Grazie al Naviglio
Alzaia Naviglio Grande
Ripa di Porta Ticinese
Scimmie
Navigli
Mus. del Giocattolo
Naviglio Grande
Via Argelati
Via Magolfa
S. Gottardo al Corso
Via Sforza
V. Colmoschin
Via Teulié
Piscina Argelati
Via F.
Via E. Gola
Via Gentilino
Via Giovenale
Corso S. Gottardo
Via E. Tabacchi
Via G. Castelbarco
Via Giambologna
Via G. Borsi
Via Pavia
Via Ascanio
Via G. Segantini
Istituto Sieroterapico Milanese
Via C. Darwin
Via Tandardini
Via E. Paselli
Via Balilla
Via Baravalle
Via Torricelli
Via L. Zamenhof
Piazza Bibbiena
Centrale del Latte
Via Giuseppe Meda
Viale Tibaldi
Viale Liguria
Piazza Belfanti
C. Sportivo Cappelli
Via Preda
Via Valsolda
Via Imperia
Via Pomponazzi
Via Spezia
Via Pavese
Naviglio Pavese
Via Rimini
Via Ruggero Boniglii
Via G. B. Boeri
Via Carcano
Via Aicardo
Via Marchetti
Via Fezzotti
Via S. Ampellio
Via Blondelli
S. Gregorio Barbarigo
SS. Giacomo e Giovanni
Moncucco
Piazza G. A. Maggi
Viale Giovanni da Cermenate
Famagosta
Via del Mare
Via Fra. Cristoforo
Alzaia Naviglio
Via Cardinale Ascanio Sforza
Via Montegani
Via Francesco de Sanctis
Via Isimbardi
Via Volvinio
V. Lusitania
Via Nicola Palmieri
Pavia
0
300 m
N
© MERIAN-Kartographie

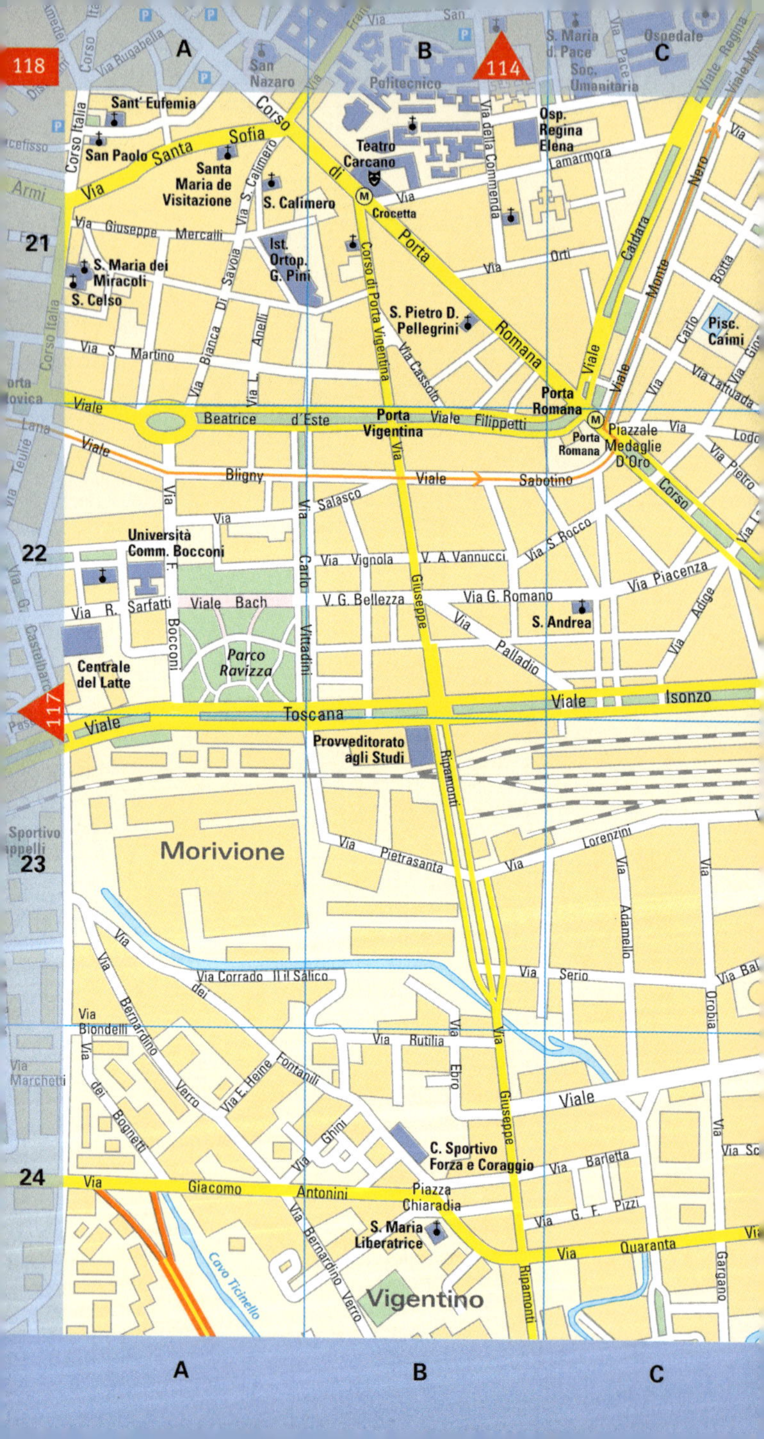
A
B
C
114
117
21
22
23
24
San Nazaro
Politecnico
S. Maria d. Pace
Soc. Umanitaria
Ospedale
Sant' Eufemia
San Paolo
Via Santa Sofia
Corso di Porta Romana
Teatro Carcano
Osp. Regina Elena
Via della Commenda
Lamarmora
Santa Maria de Visitazione
S. Calimero
Via S. Calimero
Crocetta
Via Giuseppe Mercalli
Ist. Ortop. G. Pini
S. Maria dei Miracoli
S. Celso
Corso Italia
Corso di Porta Vigentina
Via Orti
Viale Caldara
Via Monte Nero
S. Pietro D. Pellegrini
Via Cassolo
Pisc. Caimi
Via Carlo Botta
Via S. Martino
Via Bianca Di Savoia
Via Anelli
Via Lattuada
Porta Romana
Viale Beatrice d'Este
Porta Vigentina
Viale Filippetti
Piazzale Medaglie D'Oro
Viale Sabotino
Bligny
Via Salasco
Corso Lodi
Via Pietro
Università Comm. Bocconi
Via Vignola
V. A. Vannucci
Via S. Rocco
Via Piacenza
Via R. Sarfatti
Viale Bach
V. G. Bellezza
Via G. Romano
S. Andrea
Via Adige
Via Palladio
Via F. Bocconi
Via Carlo Vittadini
Via Giuseppe Ripamonti
Parco Ravizza
Centrale del Latte
Viale Toscana
Viale Isonzo
Provveditorato agli Studi
Morivione
Via Pietrasanta
Via Lorenzini
Via Adamello
Via Corrado Il Salico
Via Serio
Via Orobia
Via Biondelli
Via Bernardino Verro
Via dei Fontanili
Via E. Heine
Via Rutilia
Via Ebro
Via dei Bognetti
Via Ghini
C. Sportivo Forza e Coraggio
Via Barletta
Via Giacomo Antonini
Piazza Chiaradia
Via G. F. Pizzi
S. Maria Liberatrice
Via Quaranta
Via Gargano
Cavo Ticinello
Vigentino
Via Marchetti
Viale Regina
Corso Italia
Via Rugabella

119

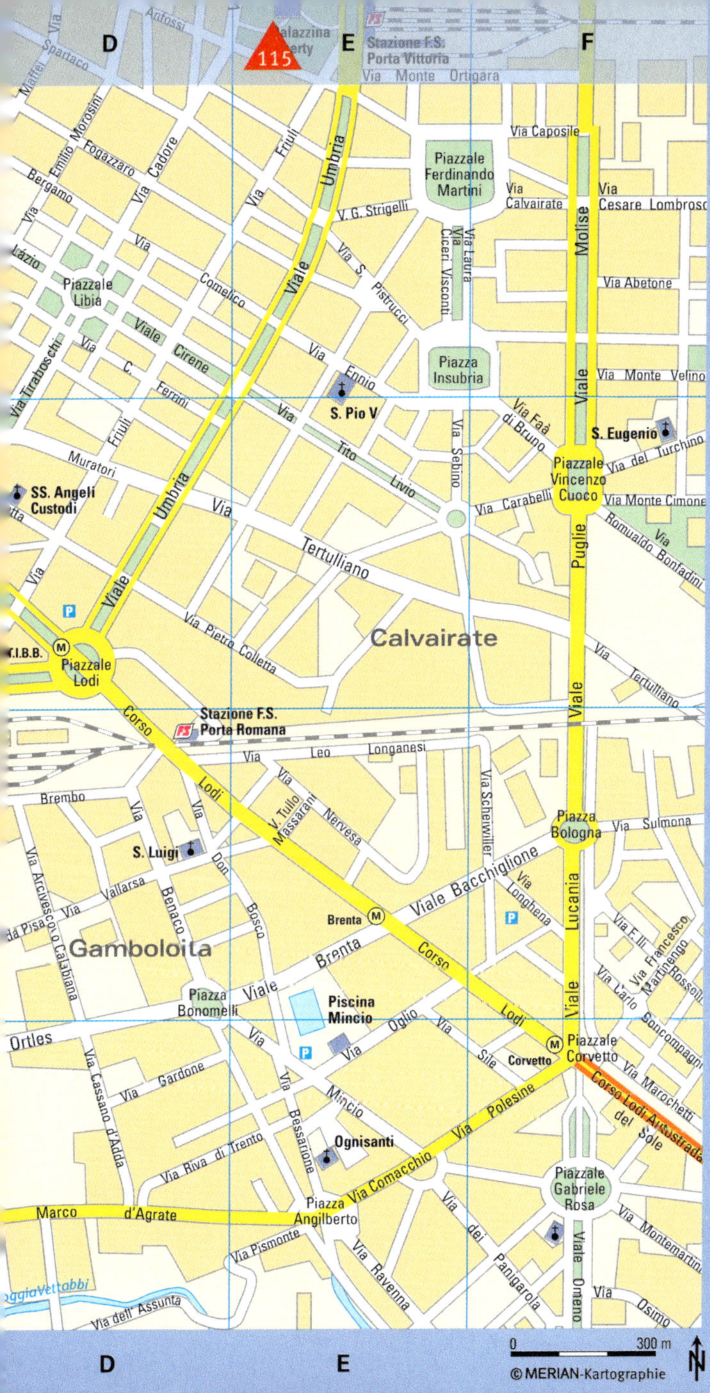

D
E
F
115
Palazzina Liberty
Stazione F.S. Porta Vittoria
Via Monte Ortigara
Via Anfossi
Via Spartaco
Via Maffei
Via Emilio Morosini
Fogazzaro
Via Cadore
Via Friuli
Viale Umbria
Bergamo
Via Lazio
Piazzale Libia
Via Comelico
Viale Cirene
Via C. Ferrini
Via Tiraboschi
Via Friuli
Muratori
SS. Angeli Custodi
Via Ennio
S. Pio V
Via Tito Livio
V. G. Strigelli
Via S. Pistrucci
Piazzale Ferdinando Martini
Via Ciceri Visconti
Via Laura
Piazza Insubria
Via Caposile
Via Calvairate
Via Cesare Lombroso
Viale Molise
Via Abetone
Via Monte Velino
Via Faà di Bruno
S. Eugenio
Via del Turchino
Piazzale Vincenzo Cuoco
Via Sebino
Via Carabelli
Via Monte Cimone
Via Romualdo Bonfadini
Viale Puglie
Via Tertulliano
Calvairate
Via Pietro Colletta
Piazzale Lodi
T.I.B.B.
Stazione F.S. Porta Romana
Corso Lodi
Via Leo Longanesi
Via Tertulliano
Via Brembo
Via V. Tullo Massarani
Via Nervesa
Via Scheiwiller
Piazza Bologna
Via Sulmona
S. Luigi
Via Don Bosco
Via Benaco
Via Vallarsa
Via Arcivescovo Calabiana
da Pisa
Gamboloita
Brenta
Viale Bacchiglione
Via Longhena
Viale Lucania
Viale Brenta
Corso Lodi
Via F.lli Rosselli
Via Francesco Martinengo
Via Carlo Boncompagni
Piazza Bonomelli
Piscina Mincio
Ortles
Via Oglio
Via Sile
Corvetto
Piazzale Corvetto
Corso Lodi Autostrada del Sole
Via Marochetti
Via Cassano d'Adda
Via Gardone
Via Mincio
Via Bessarione
Via Polesine
Ognisanti
Via Riva di Trento
Via Comacchio
Piazza Angilberto
Piazzale Gabriele Rosa
Marco d'Agrate
Via dei Panigarola
Via Montemartini
Viale Omero
Via Osimo
Via Pismonte
Via Ravenna
Roggia Vettabbia
Via dell' Assunta
21
22
23
24
0
300 m
N
© MERIAN-Kartographie

XX. Settembre, Via 113, D11
XXII Marzo, Corso 115, D16
XXIV Maggio, Piazza 117, E17

A
A. Binda, Via 116, B19
A. Cecchi, Via 112, A12
A. Da Giussano, Via 112, C11
A. Maiocchi, Via 115, D14
A. Panzini, Via 112, B10
A. Pollaiuolo, Via 110, A7
A. Ressi, Via 110, C6
A. Saffi, Via 113, D11
A. Spinola, Via 112, A10
A. Vannucci, Via 118, B22
Abba, Via 109, E1
Abbondio Sangiorgio, Via 112, C9
Abetone, Via 119, F21
Abruzzi, Viale 111, E8
Adamello, Via 118, C23
Adige, Via 118, C22
Adriano Bacula, Cavalcavia 108, B2
Affari, Piazza degli 113, F11
Africa, Largo 112, B10
Agostini, Piazzale de 112, B12
Aicardo, Via 117, F19
Airolo, Via 110, A5
Alberto Mario, Via 112, A10
Albini, Via 110, B6
Albricci, Via 114, A16
Alcuino, Via 108, B4
Alessandro Manzoni, Via 114, A15
Alessandro Volta, Via 113, F9
Alfieri, Via 113, E9
Alfredo Catalani, Via 111, F7
Algarotti, Via 110, B7
Alserio, Via 109, F3
Alzaia Naviglio Grande 116, B18
Alzaia Naviglio Pavese 117, D20
Amari, Via 108, B3
Amedei, Via 113, F12
Ammiraglio Caracciolo, Via 108, B3
Andrea Costa, Via 111, E8
Andrea Doria, Viale 111, D8
Andrea Maffei, Via 119, D21
Andrea Solari, Via 116, B17
Andrea Verga, Via 112, C12
Anfiteatro, Via 113, F10
Angeli, Piazza de 112, A11
Angilberto, Piazza 119, E24
Angiolo Mattucci, Via 109, D1
Antonio Cantore, Piazzale 117, D17
Antonio Stoppani, Via 115, D14
Appiani, Via 114, B13
Aprica, Via dell' 109, E2
Aquileia, Piazza 112, C12
Arbe, Via 110, B6
Archimede, Via 115, D15
Arcivescovo Calabiana, Via 119, D23
Arduino, Piazzale 112, A9
Arena, Via 117, E17
Argonne, Viale 115, F15
Ariberto, Via 113, D12
Ariosto Pagano, Viale 112, C11
Aristotele, Via 111, F5
Armorari, Via 113, F11
Arona, Via 108, B4
Artieri, Via d. 108, B2
Ascanio Sforza, Via 117, E18
Asiago, Via 111, F5
Augusto Anfossi, Via 115, D16
Ausonio, Via 117, D17

B
B. da Trezzo, Via 111, D6
B. Davanzati, Via 109, E1
Bacchiglione, Viale 119, E23
Bach, Viale 118, A22
Bacone, Piazzale 115, E13
Bagutta, Via 114, B15
Baldinucci, Via 109, D1
Balduccioda Pisa, Via 118, C23
Balilla, Via 117, F18
Baracca, Piazzale 112, C11
Baravalle, Via 117, F18
Bari, Via 116, A20
Barletta, Via 118, C24
Bartolomeo Colleoni, Via 108, A4
Bartolomeo Eustachi, Via 115, E13
Bartolomeo Panizza, Via 112, C11
Battisti, Via 114, B16
Bazzini, Via 115, F13
Beato Angelico, Via 115, F14
Beatrice d'Este, Viale 118, A22
Belfanti, Piazza 117, D19
Belfiore, Via 112, B11
Belgirate, Via 110, C6
Benaco, Via 119, D23
Benedetto Marcello, Via 115, D13
Benedetto Varchi, Via 108, C2
Benigno Crespi, Via 109, F1
Benvenuto Garofalo, Via 115, E13
Bergamo, Via 118, C21
Bergognone, Via 116, C17
Bernardino Verro, Via 118, A23
Bernina, Via 109, F2
Bernini, Piazza 115, F13
Bertani, Via 113, E9
Bessarione, Via 119, E24
Bianca di Savoia, Via 118, A22
Bianca Maria, Viale 114, C15
Bibbiena, Piazza 117, F19
Bigli, Via 114, B15
Bilbao, Piazza 116, B19
Biondelli, Via 118, A24
Biondi, Via 108, B4
Bligny, Viale 118, A22
Bobbio, Via 117, D17
Bognetti, Via dei 118, A24
Bologna, Piazza 119, F23
Bolzano, Via 111, F6
Boni, Via 112, B12
Bonomelli, Piazza 119, D23
Borgonuovo, Via 114, A14
Borgospesso, Via 114, B15
Borromeo, Piazza 113, F12
Boscaiola, Via d. 109, F3
Boscovich, Via 110, C8
Bottelli, Via 111, D5
Botticelli, Via 115, F14
Bovio, Via 109, F1
Bramante, Via 113, E9
Brembo, Via 118, C23
Brenta, Viale 119, E23
Brera, Via 114, A14
Brianza, Viale 111, D7
Broletto, Via 113, F11
Bronzio, Via 115, E13
Budua, Via 110, B6
Buenos Aires, Corso 114, C14
Buonaparte, Foro 113, F10
Burchiell, Via 112, B11

C
C. Correnti, Via 113, E12
C. d'Adda, Via 116, C18
C. Darwin, Via 117, E19
C. Del Fante, Via 117, F17
C. Maciachini, Piazzale 109, F2
C. Simonetta, Via 117, E17
C. Ugoni, Via 109, D1
Cadore, Via 119, D21
Cadorna, Piazzale 113, E11
Caianello, Via 109, D1
Caiazzo, Piazza 111, D8
Cairoli, Largo 113, F11
Calatafimi, Via 117, F17
Caldara, Viale 118, C21
Calderoni, Via 110, A5
California, Via 112, C12
Calvairate, Via 119, F21
Camillo Hajech, Via 115, E15
Campania, Viale 115, F15
Cannero, Via 109, F1
Canova, Via 113, D10
Caposile, Via 119, F21
Cappuccini, Via 114, C15
Cappuccio, Via 113, E12
Carabelli, Via 119, F22
Caravaggio, Via d. 116, C17
Carbonari, Piazza 110, C6
Carcano, Via 117, E20
Cardinale Ascanio Sforza, Via 117, E20
Cardinale Giov. Cagliero, Via 110, C6
Carlo Boncompagni, Via 119, F23
Carlo Botta, Via 118, C21
Carlo Conti, Via 111, D5
Carlo Farini, Via 109, F4
Carlo Goldoni, Via 115, D15
Carlo Imbonati, Via 109, F1
Carlo Magno, Piazzale 112, B9
Carlo Poma, Via 115, E15
Carlo Ravizza, Via 112, A11
Carlo Tenca, Via 114, C13
Carlo Torre, Via 116, C19
Carlo Vittadini, Via 118, A22
Carnaghi, Via 115, F14
Carneli, Via 109, D1
Carrobbio, Largo 113, F12
Carroccio, Via 113, D12
Cassala, Viale 116, B18
Cassano d'Adda, Via 119, D24
Cassolo, Via 118, B21
Castel Morrone, Via 115, E14
Castelli, Via 108, A1
Castellino da Castello, Via 108, B2
Castello, Piazza 113, F10
Catone, Via 109, D2
Cavour, Piazza 114, B14
Cenisio, Via 108, B3
Ceresio, Via 109, F4
Certosa, Viale 108, A3
Cerva, Via 114, B15
Cervantes, Viale 113, E10
Cesare Da Sesto, Via 117, D17
Cesare Lombroso, Via 119, F21
Chiaradia, Piazza 118, B24
Chiari, Via 108, A2
Chiasso, Via 108, B2
Ciceri Visconti, Via 119, E21
Cimarosa, Via 112, B12
Cimitero Monumentale, Piazzale 109, E4
Cirene, Viale 119, D21
Ciro Menotti, Via 115, D14
Città del Messico, Via 112, A9
Cliento, Via 109, E2
Cola di Renzo, Via 116, B17
Colada Montano, Via 109, F4
Colico, Via 108, C1
Colmoschin, Via 117, F18
Comacchio, Via 119, E24
Comelico, Via 119, D21
Comerio, Via 112, C9
Commenda, Via della 118, B21
Commercio, Viale d. 112, B9
Como, Corso 110, A8
Concadel Naviglio, Via 117, E17
Concordia, Corso 115, D15
Coni Zugna, Viale 112, C12
Conservatorio, Via 114, C15
Console Marcello, Via 108, A1
Contardo Ferrini, Via 119, D21
Conte Verde, Via 109, E1
Copernico, Via 110, C7

Cordusio, Piazza 113, F11
Coriolano, Piazza 109, D4
Corrado il Sálico, Via 118, A23
Corregio, Via 112, A11
Corridoni, Via 114, C16
Corsica, Viale 115, F16
Corvetto, Piazzale 119, F24
Crispi, Viale 113, F9
Cristoforo Gluck, Via 111, D7
Crocefisso, Via 117, F17
Crollalanza, Via 116, C19
Cuneo Corso Vercelli, Via 112, B11
Cùrzola, Via 110, A6
Cusani, Via 113, F11
Cuzzi, Via 108, A3

D

D'Annunzio, Viale 117, E17
Damiano Chiesa, Piazzale 108, B4
Damiano, Via 114, B15
Dante, Via 113, F11
Dario Papa, Via 110, C6
Dateo, Piazzale 115, E15
De Cristoforis, Via 110, A8
De Predis, Via 108, A2
De Togni, Via 113, D12
Derganino, Via 109, D1
Diaz, Piazza 114, A16
Digione, Via 112, B12
Dina Galli, Via 109, F3
Diocleziano, Piazza 108, C3
Disciplini, Via 113, F12
Domenichino, Via 112, A10
Domenico Cucchiari, Via 108, C3
Domenico Scarlatti, Via 110, C8
Domodossola, Via 112, B9
Don Bosco, Via 119, D23
Donatello, Via 115, E13
Duca d'Aosta, Piazza 110, C8
Duilio, Viale 112, B9
Duomo, Piazza del 114, A15
Durante, Piazza 111, F7
Durini, Via 114, B16
Duse, Piazza 114, C14

E

E. Alemagna, Viale 113, E10
E. Boschetti, Via 110, B6
E. de Amicis, Via 113, E12
E. de Marchi, Via 111, D6
E. Filiberto, Via 108, B4
E. Gola, Via 117, E18
E. Heine, Via 118, A24
E. Noe, Via 115, E13
E. Novelli, Piazza 115, E14
E. Paselli, Via 117, F19
E. Ponti, Via 116, A19
E. Tabacchi, Via 117, F18
Ebro, Via 118, B24
Edolo, Via 110, C7
Egadi, Via 112, B12
Egisto Bezzi, Viale 112, A12
Elba, Via 112, B11
Elvezia, Viale 113, E9
Emilio Morosini, Via 115, D16
Emilio Zola, Viale 113, D10
Ennio, Via 119, E21
Enrico Fermi, Viale 109, F1
Ercole Oldofredi, Via 110, B7
Eugenio Curiel, Via 116, B20
Europa, Corso 114, B16

F

F. Ardissone, Via 108, B2
F. Argelati, Via 117, D18
F. Bocconi, Via 118, A22
F. Confalonieri, Via 110, A8
F. da Liscate, Via 116, C19
F. Guardi, Piazza 115, F15
F. Londonio, Via 113, D9
F. Lope, Via 116, C20
F. Redi, Via 115, D13
F. Reina, Via 115, F15
Faà di Bruno, Via 119, F22
Fabio Filzi, Via 114, B13
Faenza, Viale 116, A20
Famagosta, Viale 116, B20
Fatebenefratelli, Via 114, A14
Ferdinando Martini, Piazzale 119, E21
Ferrante Aporti, Via 111, D7
Filippetti, Viale 118, B22
Filippo Lippi, Via 111, F8
Fiori Chiari, Via 113, F10
Firenze, Piazza 108, B3
Fiuggi, Via 110, A5
Fogazzaro, Via 119, D21
Fontana, Piazza 114, A16
Fontana, Via 114, C16
Fontanili, Via dei 118, A23
Fracchia, Via 110, C5
Francesco Accursio, Piazza 108, A3
Francesco de Sanctis, Via 117, E20
Francesco Ferruccio, Via 112, C9
Francesco Martinengo, Via 119, F23
Francesco Nava, Via 110, A6
Francesco Restelli, Viale 110, B7
Francesco Sforza, Via 118, B21
Franchino Gaffurio, Via 111, D8
Franco Tosi, Via 116, B19
Frassini, Viale dei 108, A2
Fratelli Bronzetti, Via 115, E15
Fratelli Induno, Via 109, D4
Fratelli Rosselli, Via 119, F23
Freud, Piazza 110, A8
Friuli, Via 119, D22
Fulvio Testi, Viale 110, B5
Fusinato, Via 108, A1

G

G. A. Maggi, Piazza 117, D20
G. Alessandri, Via 112, B12
G. B. Boeri, Via 117, F19
G. B. Morgagni, Via 115, D13
G. B. Sammartini, Via 110, C8
G. Bellezza, Via 118, B22
G. Bertini, Via 113, D9
G. Borsi, Via 117, E18
G. Calvino, Via 109, D3
G. Castelbarco, Via 117, F18
G. d'Arezzo, Via 112, C11
G. de Castilla, Via 110, A8
G. F. Pizzi, Via 118, C24
G. Ferrari, Via 117, E17
G. Ferrero, Via 116, B20
G. Fiamma, Via 115, D15
G. Guerzoni, Via 109, E1
G. I. Ascoli, Piazzale 115, E14
G. La Massa, Via 108, B1
G. Luosi, Via 111, F8
G. Mamel, Via 115, D15
G. Miani, Piazza 116, B20
G. Modena, Via 115, D14
G. Mussi, Via 112, C9
G. P. Pirelli, Via 110, B8
G. Pascoli, Via 115, E14
G. Pecchio, Via 111, E8
G. Pezzotti, Via 117, F19
G. Reni, Via 115, F14
G. Romano, Via 118, B22
G. Rossetti, Via 112, C10
G. Segantini, Via 117, D19
G. Sidoli, Via 115, F15
G. Sirtori, Via 115, D14
G. Soldati, Via 109, D4
G. Strigelli, Via 119, E21
G. Uberti, Via 115, E14
G. Ugolini, Via 111, D5
Gabriele Rosa, Piazzale 119, F24
Gabrio Piola, Piazzale 115, F13
Gadio, Via 113, E10
Gaetano Previati, Via 112, A10
Gaio, Via 115, E14
Galileo, Via 114, B13
Galvani, Via 110, B8
Gardone, Via 119, D24
Gargano, Via 118, C24
Garibaldi, Corso 113, F10
Garigliano, Via 110, A8
Gattamelata, Via 108, A4
General Govone, Via 108, C3
Generale Arimondi, Via 108, B3
Generale Caneva, Piazza 108, C3
Generale Fara, Via 110, B8
Genova, Corso 117, E17
Gentilino, Via 117, F18
Gesù, Via 114, B15
Ghini, Via 118, B24
Giacomo Antonini, Via 118, A24
Giacomo Watt, Via 116, A19
Giacomo Zanella, Via 115, F16
Giambellino, Via 116, A18
Giambologna, Via 117, F19
Gian Battista, Via 112, C12
Gian Galeazzo, Viale 117, F17
Gianfranco Zuretti, Via 111, D7
Giannone, Via 113, E9
Giorgio Vasari, Via 118, C21
Giorgio Washington, Via 116, B17
Giosue Carducci, Via 113, E11
Giotto, Via 112, B11
Giovanni Battista Niccolini, Via 109, E4
Giovanni Boccaccio, Via 113, D11
Giovanni Cena, Via 115, E16
Giovanni da Cermenate, Viale 117, E20
Giovanni Da Procida, Via 108, B4
Giovanni Lullu, Via 111, F8
Giovanni Pacini, Via 115, F13
Giovanni Suzzani, Via 110, B5
Giovanni XXIII, Piazza 112, C10
Giovenale, Via 117, F18
Giulio Cesare, Piazzale 112, B10
Giulioe Corrado Venini, Via 111, D8
Giuriati, Via 115, F16
Giuseppe Antonio Borgese, Via 109, D3
Giuseppe Candiani, Via 108, C1
Giuseppe Colombo, Via 115, F14
Giuseppe Compagnoni, Via 115, F15
Giuseppe Dezza, Via 112, B12
Giuseppe Frua, Via 112, A11
Giuseppe Giacosa, Via 111, F6
Giuseppe Giusti, Via 113, E9
Giuseppe Meda, Via 117, E20
Giuseppe Mercalli, Via 118, A21
Giuseppe Ripamonti, Via 118, B22
Giuseppe Verdi, Via 114, A15
Giustizia, Via 110, C6
Goethe, Viale 113, E10
Gorani, Via 113, F12
Gorizia, Viale 117, E17
Gracchi, Via dei 112, A12
Gramsci, Piazza 109, D4
Gran Batt. Fauche, Via 108, C4
Gran Sasso, Via 111, E8
Grandi, Piazza 115, E16
Greco, Piazza 111, D5
Grigna, Via 108, B2
Guastalla, Via 114, B16
Guerrazzi, Via 113, D9
Guglielmo Pepe, Via 109, F4
Guglielmo Silva, Via 112, A9

I

I. Rancati, Via 111, F5
I. Rosellini, Via 110, B7
Imbriani, Via degli 109, D1
Imperia, Via 117, D19
Indipendenza, Corso 115, D15
Industria, Viale d. 112, B9
Insubria, Piazza 119, E21
Ippolito Nievo, Via 112, C10
Isonzo, Viale 118, C22
Istria, Piazzale 110, B5
Italia, Corso 117, F17
Italia, Piazza 112, B9

J

J. da Tradate, Via 108, A2
Jenner, Via 109, E2
Juvara, Via 115, E14

K

Keplero, Via 110, B6
Kramer, Via 115, D14

L

L. Anelli, Via 118, A22
L. Bartolini, Via 108, A3
L. Bertelli, Via 111, F5
L. Castelvetro, Via 108, C4
L. Fortis, Via 110, B6
L. Pavoni, Via 110, A5
L. Zamennof, Via 117, E19
La Foppa, Largo 113, F9
La Spezia, Via 117, D20
Lago di Nemi, Via 116, A20
Lagosta, Piazzale 110, A7
Lamarmora, Via 118, B21
Lambrate, Via 111, F7
Lana, Vialecol di 117, F18
Lanciano, Via 110, A7
Lanzone, Via 113, E12
Larga, Via 114, A16
Lario, Via 110, A7
Lattuada, Via 118, C21
Laura, Via 119, E21
Laurana, Via 110, B5
Lavoro, Viale del 112, A9
Lázio, Viale 119, D21
Lazzaretto, Via 114, C13
Lazzaro Papi, Via 118, C22
Lecco, Via 114, C14
Legnano, Via 113, F9
Legnone, Via 109, E1
Leo Longanesi, Via 119, E23
Leonardo Da Vinci, Piazza 115, F13
Leoncavallo, Via 111, F7
Leone Tolestoi, Via 116, A17
Leopardi, Via 113, D11
Liberazione, Viale della 110, B8
Libia, Piazzale 119, D21
Liguria, Viale 117, D19
Lipari, Via 112, C12
Livigno, Via 109, E1
Lodi Autostrada del Sole, Corso 119, F24
Lodi, Corso 118, C22
Lodi, Piazzale 119, D22
Lodovico Muratori, Via 118, C22
Lodovico Scarampo, Viale 108, A4
Lombardia, Viale 111, F7
Lombardini, Via 116, C18
Longhena, Via 119, F23
Lorenteggio, Via 116, A17
Lorenzini, Via 118, B23
Lorenzo, Via 112, C10
Loreto, Piazzale 111, E8
Losanna, Via 108, C4
Lucania, Viale 119, F23
Lugano, Piazzale 108, C2
Luigi Bodio, Viale 109, D2
Luigi Canonica, Via 113, D9
Luigi di Savoia, Piazza 110, C8
Luigi Faravelli, Via 108, A4
Luigi Majno, Viale 114, C14
Luigi Settembri, Via 114, C13
Luigi Sturzo, Viale 110, A8
Luigi Varanini, Via 111, E7
Lungiana, Viale 110, C7
Lusitania, Via 117, F20

M

M. Buonarroti, Piazza 112, B10
M. Da Besozzo, Via 108, A2
M.de Raddei, Via 112, A12
M. Délfico, Via 108, C2
M. Quadrio, Via 109, F4
Mac Mahon, Via 108, A2
Macedonio Melloni, Viale 115, D15
Machiavelli, Via 113, D10
Madonnina, Via 113, F10
Magenta, Corso 113, D11
Magolfa, Via 117, E18
Malaga, Via 116, B18
Malta, Viale 113, E10
Manín, Via 114, B14
Marche, Viale 110, A6
Marchetti, Via 117, F20
Marco Antonio Collona, Via 108, A3
Marco d'Agrate, Via 119, D24
Marco Ulpio Traiano, Via 108, A3
Marcona, Via 115, D16
Mare, Via del 117, D20
Marghera, Via 112, A11
Maria Adelaide di Savoia, Piazzale 115, E14
Marian, Via 108, B1
Marinai d'Italia, Largo 115, E16
Mario Galli, Via 110, A5
Mario Pagano, Via 112, C11
Marochetti, Via 119, F24
Martiri Oscuri, Via 111, E6
Mascagni, Via 114, C15
Masina, Via 109, E2
Masolino Da Panicale, Via 108, A3
Massarade Capitani, Via 108, C1
Massaua, Via 112, A12
Matteotti, Corso 114, B15
Mauro Macchi, Via 110, C8
Mazzini, Via 114, A16
Medaglie d'Oro, Piazzale 118, C22
Melchiorre Gioia, Via 110, A8
Melzi d'Eril, Via 113, D9
Melzo, Via 115, D14
Mentana, Piazza 113, F12
Meravigli, Via 113, F11
Mercatini, Via 108, C1
Mercato, Via 113, F10
Messina, Via 109, E4
Michel. Buonarroti, Via 112, B11
Milizie, Piazzale delle 116, B18
Mille, Viale dei 115, E14
Milton, Viale 113, D10
Mincio, Via 119, E24
Mirabello, Piazza 114, A14
Missori, Piazza 114, A16
Misurata, Viale 116, A17
Molière, Via 113, D10
Molinodelle Armi, Via 117, F17
Molise, Viale 119, F22
Monforte, Corso 114, B15
Monte Ceneri, Viale 108, A3
Monte Cimone, Via 119, F22
Monte di Pietà, Via 114, A15
Monte Napoleone, Via 114, B15
Monte Nero, Viale 118, C21
Monte Ortigara, Via 119, E21
Monte Rosa, Via 112, A10
Monte S. Genesio, Via 109, E1
Monte Velino, Via 119, F21
Montebello, Via 114, A14
Montegani, Via 117, E20
Montello, Viale 113, F9
Montemartini, Via 119, F24
Monviso, Via 109, D4
Monza, Viale 111, E8
Morgagni, Via 110, C5
Moscova, Via della 113, F9
Mozart, Via 114, C15
Murat, Via 110, A5

N

N. Battaglia, Via 111, E7
Napo Torriani, Via 110, C8
Napoli, Piazza 116, A17
Nazario Sauro, Viale 110, B7
Nervesa, Via 119, E23
Nicola Palmieri, Via 117, E20
Nino Bixio, Via 115, D14
Nino Oxilia, Via 111, E7
Numa Pompilio, Via 113, D12

O

Oglio, Via 119, E24
Olivetani, Via degli 113, D12
Olmetto, Via 113, F12
Olona, Via 113, D12
Omboni, Via 115, D13
Omeno, Viale 119, F24
Orefici, Via 114, A15
Orio Vergani, Via 110, C5
Orobia, Via 118, C23
Orso, Via dell' 113, F11
Orti, Via 118, B21
Ortles, Viale 118, C24
Osimo, Via 119, F24
Ovada, Via 116, B20
Ozanam, Via 115, D13

P

P. Crespi, Via 111, E7
P. Da Volpedo, Via 112, A10
P. Filargo, Via 116, C19
P. Mantegazza, Via 108, A2
P. Petrocchi, Via 111, F5
P. R. Giuliani, Via 110, C5
P. Seveso, Via 110, C7
Pace, Via 114, C16
Pacuvio, Via 108, A1
Padova, Via 111, E8
Padre A. Maraschi, Via 110, C5
Padre Monti, Via 110, B5
Pagliano, Via 112, A10
Palermo, Via 113, F10
Palestro, Via 114, B14
Palladio, Via 118, B22
Pallanza, Via 110, C5
Pallavicino, Via 112, C11
Pancaldo, Via 115, D14
Panfilo Castaldi, Via 114, B13
Panigarola, Via dei 119, F24
Paolo Giovio, Via 112, B11
Paolo Lomazzo, Via 109, D4
Paolo Onorato Vigliani, Via 108, A4
Paolo Sarpi, Via 113, D9
Papiniano, Viale 113, D12
Pasolini, Piazza 109, F2
Pastorelli, Via 116, C18
Pasubio, Viale 113, F9
Pavia, Via 117, E18
Perego, Piazza 109, D3
Pergolesi, Via 111, D8
Pestalozzi, Via 116, B19
Pesto, Via 116, A18
Petrarca, Via 113, D10
Piacenza, Via 118, C22
Piave, Viale 114, C14
Piccini, Via 111, E8
Picene, Viale 115, E15
Piemonte, Piazza 112, B11
Pier Capponi, Via 112, B11

Pier Luigi Da Palestrina, Via 111, D8
Piero della Francesca, Via 108, B4
Pietrasanta, Via 118, B23
Pietro Borsieri, Via 110, A8
Pietro Colletta, Via 118, C22
Pietroda Cortona, Via 115, F15
Pinturicchio, Via 115, F13
Pioppi, Viale dei 108, B1
Pisacane, Via 115, D14
Pismonte, Via 119, E24
Plebisciti, Corso 115, E15
Plinio, Via 115, D13
Pola, Via 110, A7
Polesine, Via 119, F24
Poliziano, Via 108, C4
Pompeo Castelli, Piazza 108, A2
Pomponazzi, Via 117, E19
Pontaccio, Via 113, F10
Pontano, Via 111, F6
Ponte Vetero, Via 113, F11
Popoli Uniti, Via 111, E6
Porpora, Via 111, E8
Porta Nuova, Bastioni di 114, A13
Porta Nuova, Corso di 114, A14
Porta Romana, Corso di 118, A21
Porta Ticinese, Corso di 117, F17
Porta Ticinese, Ripa di 116, B18
Porta Venezia, Bastioni di 114, B13
Porta Vercellina, Viale di 112, C12
Porta Vigentina, Corso di 118, B21
Porta Vittoria, Corso di 114, B16
Porta Volta, Bastioni di 113, F9
Pozzi, Via 111, F5
Preda, Via 117, F19
Premuda, Viale 114, C15
Principe Eugenio, Via 108, C3
Procaccini, Via 109, D4
Pucci, Via 112, C9
Puccini, Via 113, F11
Puglie, Viale 119, F22

Q

Quaranta, Via 118, C24

R

R. di Lurina, Via 108, B4
R. Lambruschini, Via 108, A1
R. Sarfatti, Via 118, A22
Raffaello Sanzio, Via 112, A11
Ragusa, Via 110, B6
Ravenna, Via 119, E24
Reggimento Savoia Cavalleria, Via 112, C10
Regina Giovanna, Viale 115, D14
Regina Margherita, Viale 114, C16
Renato Serra, Viale 108, A3
Republica, Piazza della 114, B13
Resistenza Partigiana, Piazza 113, E12
Rho, Via 111, D6
Rimembranze di Greco, Viale 111, D5
Rimini, Via 117, D19
Risorgimento, Piazza 111, D15
Riva di Trento, Via 119, D24
Romagna, Viale 115, F13
Romualdo Bonfadini, Via 119, F22
Roncaglia, Via 112, A12
Rosario, Piazza del 116, C17
Rugabella, Via 114, A16
Ruggero Bonghi, Via 117, E19
Rutilia, Via 118, B24

S

S. Agostino, Piazza 113, D12
S. Boezio, Viale 112, B9
S. Cassiodoro, Viale 112, B10
S. del Piembo, Via 112, A9
S. Martino, Via 118, A21
S. Siccoli, Via 108, B1
S. Stefano, Piazza 114, B16
Sabotino, Viale 118, B22
Salasco, Via 118, A22
Salvatore Farina, Piazza 110, B6
Sambuco, Via 117, F17
San Barnaba, Via 114, B16
San Calimero, Via 118, A21
San Cologero, Via 117, E17
San Gottardo, Corso 117, E18
San Gregorio, Via 114, C13
San Marco, Piazza 114, A14
San Marco, Via 114, A13
San Michele del Carso, Viale 112, C12
San Rafael delle Ande, Via 111, D5
San Rocco, Via 118, C22
San Vincenzo, Via 113, E12
San Vito, Via 113, F12
San Vittore, Via 113, D12
Sansovino, Via 115, E13
Sant'Agnese, Via 113, E11
Sant'Ampellio, Via 117, F20
Sant'Andrea, Via 114, B15
Sant'Eusebio, Via 112, B12
Sant'Orsola, Via 113, F12
Santa Croce, Via 117, F17
Santa Maria delle Grazie, Piazza 113, D11
Santa Ritada Cascia, Via 116, A19
Santa Sofia, Via 118, A21
Santander, Via 116, C19
Santíssima Trinità, Piazza 113, E9
Santo Spirito, Via 114, B15
Sarca, Viale 110, C5
Sardegna, Via 112, A12
Sarno, Via 110, B6
Sarto, Via d. 115, E14
Sassetti, Via 110, A7
Savona, Via 116, A18
Scalarini, Via 118, C24
Scalvini, Via 109, D2
Scheiwiller, Via 119, F23
Schiavone, Piazza 108, C1
Schiller, Viale 113, E10
Sciesa, Via 115, D16
Scipione Pistrucci, Via 119, E21
Sebastiano Caboto, Via 112, B12
Sebino, Via 119, E22
Sempione, Corso 108, C4
Sempione, Piazza 113, D9
Senato, Via 114, B14
Senofonte, Via 112, B10
Seprio, Via 112, A11
Serio, Via 118, C23
Shakespeare, Viale 113, D10
Sicilia, Piazza 112, A11
Siderno, Via 110, A5
Signorini, Via 108, B3
Sile, Via 119, F24
Simone Martini, Via 116, B20
Solferino, Via 114, A14
Sonnino, Via 108, A3
Soperga, Via 111, D8
Spartaco, Via 115, D16
Spiga, Via d. 114, B14
Spotorno, Piazza 110, A6
Statuto, Via 113, F9
Stelvio, Viale 109, F2
Stendhal, Via 116, B17
Stilicone, Via 109, D3
Stresa, Via 110, C7
Stromboli, Via 112, B12
Sulmona, Via 119, F23
Susa, Piazzale 115, F15

T

Tadino, Via 114, C14
Tadio, Via 115, D13
Tagiura, Via 116, A17
Tandardini, Via 117, F18
Taormina, Via 110, A5
Tasso, Via 113, D10
Tecnica, Viale d. 112, B9
Teodorico, Viale 108, A4
Tertulliano, Via 119, E22
Teulié, Via 117, F18
Tibaldi, Viale 117, E19
Tiraboschi, Via 119, D21
Tirano, Via 111, D6
Tito Livio, Via 119, E22
Tiziano, Via 112, B10
Tofane, Via 111, E5
Tommaseo, Piazza 112, C11
Tonale, Via 110, C7
Torelli, Via 109, D2
Torelli Viollier, Via 110, C6
Torino, Via 113, F12
Torquato Taramelli, Via 110, A7
Torre, Via della 111, F5
Torricelli, Via 117, E19
Tortona, Via 116, B18
Toscana, Viale 118, A23
Transiti, Via dei 111, E7
Treves, Largo 113, F10
Tripoli, Piazzale 112, A12
Troya, Via 116, B18
Tullo Massarani, Via 119, E23
Tunisia, Viale 114, B13
Turati, Via 114, B14
Turchino, Via del 119, F22

U

U. Bassi, Via 109, F3
Umbria, Viale 115, E16

V

V. Lancetti, Via 109, E2
V. Russo, Via 111, F6
Valassina, Via 110, A6
Vallarsa, Via 119, D23
Vallazze, Via 111, F8
Valpariso, Via 116, C17
Valsolda, Via 117, D19
Valtellina, Via 109, F3
Valtorta, Via 111, F6
Varese, Via 113, F9
Vassallo, Via 110, B6
Veglia, Via 110, B5
Venezia, Corso 114, B15
Verrocchio, Via 115, E14
Vespri Siciliani, Via 116, A17
Vetra, Piazza della 113, F12
VI Febbraio, Piazza 112, C9
Vignola, Via 118, B22
VIII Novembre1917, Piazza 115, D14
Vincenzo Cuoco, Piazzale 119, F22
Vincenzo Foppa, Via 112, C12
Vincenzo Monti, Via 112, C9
Virgilio, Piazza 113, D11
Visconti di Modrone, Via 114, B16
Vitruvio, Via 110, C8
Vittor Pisani, Via 110, C8
Vittorio Emanuele, Corso 114, B15
Vittorio Veneto, Viale 114, B13
Vivaio, Via 114, C15
Volterra, Via 112, A12
Voltri, Via 116, B20
Volturno, Via 110, A7

W

Walter Tobagi, Via 116, A19

Z

Zambeletti, Via 115, D13
Zara, Viale 110, A7
Zenale, Via 113, D12
Zezon, Via 110, C8
Zocchi, Via 110, B5
Zuara, Via 116, A17
Zumbini, Via 116, B19

Hier finden Sie alphabetisch aufgeführt alle in diesem Band beschriebenen Sehenswürdigkeiten, Museen, Hotels (H) und Restaurants (R). Außerdem enthält das Register wichtige Stichworte sowie alle MERIAN-Tipps und MERIAN-TopTen dieses Reiseführers. Wird ein Begriff mehrfach aufgeführt, so verweist die **fett** gedruckte Zahl auf die Hauptnennung, eine *kursive* Zahl auf ein Foto.

360 ° (R) 20

A

A Riccione (R) 21
Abbazia di Chiaravalle 51
Abendunterhaltung 36
Al Buon Samaritano (R) 23
Al Cuoco di bordo (R) 20
Al Porto (R) 21
Albergo Albert (H) 17
Anreise 98
Antica Locanda Solferino (H, MERIAN-Tipp) 17
Antica Trattoria della Pesa (R) 20
Antiquitäten 27
Aquarius (R) 22
Archi dell'Antica 52
Arco della Pace 52
Arena 53
Ariston (H) 16
Arrow's (R) 20
Ausflüge 82, 84, 85, 86
Auskunft 99
Autodromo (Monza) 82

B

Bagutta (R) 23
Bars 37
Bergamo 84, *85*
Biblioteca Ambrosiana 75
Biffi Scala (R) 19
Boccondivino (R) 23
Borognuovo Residence (H) 17
Bottigliera da Pino (R, MERIAN-Tipp) 21
Brera 9, **74**
Brunch di Gualtiero Marchesi (R) 24
Bücher 27
Buchtipps 100
Bulgari (H) 14

C

Ca' Grande 65
Cafés 24
Caffè Carducci (R) 24
Caffè Gucci (R) 24
Capitol (H) 14
Carlton Hotel Baglioni (H) 14
Carlyle Brera Hotel (H) 14
Casa di Riposo Giuseppe Verdi 53
Casa Fontana (R) 23
Castell (Vigevano) 84
Castello Sforzesco 6, *52*, **53**
Cavallini (R) 23
Certosa di Garegnano 54
Chiesa del Monastero Maggiore 63
Cigno Nero (R) 24
Cimitero Monumentale (MERIAN-TopTen) *54*, **54**, 81
Civica Galleria d'Arte Moderna 67
Civico Museo d'Arte Contemporanea 67
Civico Museo del Risorgimento 67
Civico Museo di Milano 67
Civio Museo di Storia Naturale 67
Civio Museo Studio di Francesco Messina 68
Colleoni (H) 17
Comer See 85, *86*
Como 86
Contessa Jolande (H) 17
Corso Como 10 (R) 24, *24*
Cotti (R) 25

D

Da Gianni e Dorina (R) 21
Da Giulia (R) 23
Delikatessen 28
Denkmal Alessandro Manzoni 54
Denkmal Giuseppe Verdi 55
Denkmal Leonardo da Vinci 55
Denkmal Monumento delle Cinque Giornate 55
Diana Majestic (H) 14
Diskotheken 38
Don Lisander (R) 20
Duomo San Giovanni (Monza) 82
Duomo Santa Maria Nascente (MERIAN-TopTen) *4/5*, 55, *56*

E

Einkaufen 26
Einrichtung 29
Eisdielen 24
Enoclub (R) 25
Enoteche 25
Essdolmetscher 94
Events 42
Excelsior Gallia (H) 13
Executive (H) 16

F

Familientipps 45
Feiertage 100
Feste 42
Feuerwehr 102
Flugverbindungen 98
Fontana del Piermarini 57
Four Seasons (H) 13
Fratelli Branca 57
Freni (R) 25
Fundbüros 100

G
Galerien *34*, 70
Galleria Vittorio Emanuele 8, *48/49*, 57
Geld 100
Geschenke 29
Geschichte 90
Giannino (R) 21
Giardini di Villa Reale 57
Giardini Pubblici (MERIAN-Tipp) 45, *45*, **57**, 81
Gold (R) 21
Golosia (R) 25
Gran Duca di York (H) 16
Gran Hotel Fieramilano (H) 14
Gran San Bernardo da Alfredo (R) 21
Grattacielo Pirelli 57

H
Hard Disk Café (R) 25
Hauptbahnhof 64, *88/89*
Hotels 12
Hotels in der Umgebung 17

I
Il Saturnaio (R, MERIAN-Tipp) 19
Il Verdi (R) 24
Insalateria delle Langhe (R) 23
Internet 100
Isola Bella 87
Isola dei Pescatori 87
Isola Madre 87

J
Joia (R) *22*, 23
Just Cavalli (R) 25

K
Kartause (Pavia, MERIAN-TopTen) 83
Kaufhäuser 30
Keramik 34
Kinder 45
Kindermode 30
Kinos 39
Kleidung 101
Kneipen 37
Konditoreien 30
Konzerte 39

L
L'Assassino (R) 22
L'Aurora (R) 22
L'Ulmet (R) 21
La Bottega del gelato (R) 24
La Cantina di Livio Pavese (R) 25
La Scaletta (R) 20
La Zucca (R, MERIAN-TopTen) *9*, 25, **65**
Lago di Como 85
Lago Maggiore 86
Leder 31
Leonardos »Abendmahl« (MERIAN-TopTen) *50*, **51**, 75
Locanda dei Mercanti (H) 16
Lokale 37

M
Make-up 31
Manin (H) 14
Manzoni (H) 16
Marconi (H) 16
Märkte 31
Medizinische Versorgung 101
Michelangelo (H) 14
Milano 2 58
Milano San Felice 58
Mode 32
Mode-Bummel (MERIAN-TopTen) 76
Model-Macher 101
Monte Stella 58
Monza 82
Museen 67
Museo Bagatti Valsecchi 68
Museo d'Arte e Scienza 69
Museo del Castello Sforzesco (MERIAN-TopTen) 68
Museo del Cinema e Cineteca Italiana 69
Museo del Duomo 69
Museo della Basilica di Sant'Ambrogio 68
Museo della Criminologia e Armi Antichi 69
Museo Manzoniano 69
Museo Nazionale della Scienza e della Tecnica Leonardo da Vinci 69
Museo Poldi-Pezzoli (MERIAN-Tipp) 68, *68*
Museo Pòpoli e Culture 69
Museo Storico Alfa Romeo 69
Museo Teatrale alla Scala 70
Museum Marino Marini 67
Musiklokale 39

N
N'ombra de vin (R) 25
Navigli (MERIAN-Tipp) 58, 59
Naviglio Grande 58, *58*, 78
Naviglio Pavese 58, 78
Nebenkosten 101
Nightclubs 40
Nobu (R) 21
Notruf 101
Nuovo (H) 17

O
Öffentliche Verkehrsmittel 106
Oper 41
Outlet-Stores 33

P
Palazzo Arcivescovile 59
Palazzo Belgioioso-d'Este 59
Palazzo Borromeo **59**, 75
Palazzo Clerici 59
Palazzo del Senato 60
Palazzo delle Stelline (H) 16

Palazzo Litta 59
Palazzo Marino 59
Palazzo Reale 60
Parco dell'Idroscalco (MERIAN-TopTen) 60
Parco di Monza (Monza) 82
Parco Forlanini (MERIAN-TopTen) 60
Parco Sempione (MERIAN-TopTen) **60**, *61*, 74
Parken 104
Passerini (R) 25
Pavia 82, *84*
Pelze 31
Piazza dei Mercanti 60
Piazza Ducale (Vigevano) 84
Piccolo Teatro *40*, 41
Pierre Milano (H) 14
Pinacoteca Ambrosiana **70**, 75
Pinacoteca dell'Accademia Carrara (Bergamo) 85
Pinacoteca di Brera *66*, 70
Pizza big (R) 23
Politik 102
Ponte Coperto (Pavia) 83
Porta Ticinese 52
Porzellan 34
Post 102
Principe di Savoia (H) 13
Principessa Clotilde (H) 17

R

Rauchen 102
Reisedokumente 102
Reiseknigge 102
Reisewetter 102
Reiterstandbild Giuseppe Garibaldi 61
Reiterstandbild Victor Emanuel II. 61
Residence Club (H) 17
Restaurants 19
Ritter (H) 16

S

Sadler Osteria di Porta Cicca (R) 19, *20*
Sagra di San Cristoforo (MERIAN-Tipp) 44
San Gottardo in Corte 62
San Lorenzo 62, *72/73*
San Marco 62
San Maurizio **63**, 75
San Michele (Pavia) 83
San Nazaro 63
San Satiro **63**, 75
San Simpliciano 63
San Siro 63
Sant'Ambrogio (MERIAN-TopTen) **61**, *63*, 75
Sant'Eustorgio 62
Santa Maria della Passione 62
Santa Maria delle Grazie 6, *50*, **62**, 75
Santa Maria Maggiore (Bergamo) 85
Santa Maria Maggiore (Como) 86
Savini (R) 22
Scala 8
Schmuck 34
Schnäppchen-Adressen (MERIAN-Tipp) 34
Schuhe 35
Scimmie (MERIAN-Tipp) 38
Sehenswürdigkeiten 50
Seiperseo (R) 23
Sir Edward (H) 14
Spadari al Duomo (H) 16
Spaziergänge 74, 75, 76, 78, 80
Spezialitäten 19
Spielzeug 35
Sport 103
Sprachführer 92
Stadio Giuseppe Meazza 64
Stadtrundfahrten 104
Stadtrundgänge, geführte (MERIAN-Tipp) 103
Standbild Carlo Borromeo 64
Starhotel Rosa (H) 16
Stazione Centrale 64
Stoffe 35
Stresa 86
Suntory (R) 22
Super Pizza (R) 23
Szene-Viertel Navigli (MERIAN-Tipp) 59

T

Taxis 106
Teatro alla Scala (MERIAN-TopTen) 41, **64**, *64*
Telefon 104
The Westin Palace (H) 14
Theater 41
Torre Branca 65
Torre Velasca 65
Town House 31 (H) 16
Trambahn-Tour 80
Tremezzo 85
Three Rooms (H) *12*, 13
Town House Galleria (H) *10/11*, 13
Trinkgeld 104

U

Università Statale (Ca' Grande) 65

V

Vecchia Latteria (R) 24
Vecchia Milano (H) 17
Verkehrsverbindungen 104
Vigevano 84
Villa Reale (Monza) 82
Villa Reale 65
Villa Simonetta 65

W

Wellness 35
Wirtschaft 106

Y

Yar (R) 22

Z

Zeitschriften 35
Zeitungen 35, 106
Zugverbindungen 99
Zurigo (H) 17

Liebe Leserinnen und Leser,
wir freuen uns, Ihre Meinung zu diesem Reiseführer zu erfahren. Bitte schreiben Sie uns, wenn Sie Berichtigungen und Ergänzungsvorschläge haben oder wenn Ihnen etwas besonders gut gefällt:

TRAVEL HOUSE MEDIA GmbH, Postfach 86 03 66, 81630 München
E-Mail: merian-live@travel-house-media.de Internet: www.merian.de

Die Autorin
Diesen Reiseführer schrieb **Jenny John,** Jahrgang 1965. Sie lebt und arbeitet im oberbayerischen Rosenheim als freie Autorin. Als Reisejournalistin ist sie auf Italien spezialisiert, wo sie viel Zeit verbringt.

Bei Interesse an digitalen Daten aus der MERIAN-Kartographie wenden Sie sich bitte an:
iPUBLISH GmbH, Abt. Cartography
merianmapbase@ipublish.de
www.merianmapbase.de

Bei Interesse an Anzeigenschaltung wenden Sie sich bitte an:
KV Kommunalverlag GmbH & Co KG
MediaCenterMünchen
Tel. 0 89 – 92 80 96 – 44
E-Mail: kramer@kommunal-verlag.de

Fotos
Titelbild: Galleria Vittorio Emanuele (Cogoli Franco/SIME).
S. Bungert/laif 61; contrasto/laif 40, 52; CuboImages/Alamy 72/73; dreamtours/Alamy 28; EmmePi Travel/Alamy 32; M. Flynn/Alamy 76; R. Freyer 68; M. Galli/laif 50; H. Hartmann 84, 85, 86, 86; Jahreszeiten Verlag/Gourmet-PictureGuide 9, 12, 20, 22, 24, 34, 48/49, 54, 63, 88/89; S. Mezzanotte/Bildagentur Huber 36; A. Mosler 56, 64, 66; Polaris/laif 42; G. Riotta/Alamy 4/5; M. Spironetti/Alamy 26; Town House Galleria 10/11; www.vittorebuzzi.it/Alamy 18, 31, 45; E. Wrba 81; F. Zanettini/laif 58, 74

Alle Angaben in diesem Reiseführer sind gewissenhaft geprüft. Preise, Öffnungszeiten usw. können sich aber schnell ändern. Für eventuelle Fehler übernimmt der Verlag keine Haftung.

Programmleitung
Dr. Stefan Rieß
Redaktion
Simone Schmidt
Lektorat und Satz
Ewald Tange, tangemedia, München
Gestaltung
wieschendorf.design, Berlin
MERIAN-Quiz
Verónica Reisenegger (Konzept und Idee)
Karten
MERIAN-Kartographie
Druck
Appl, Wemding
Bindung
Auer, Donauwörth
Gedruckt auf
Eurobulk Papier von der Papier Union

2. Auflage

TRAVEL HOUSE MEDIA

100 JAHRE
GANSKE VERLAGSGRUPPE

Mailand

MERIAN-Tipps

Tipps und Empfehlungen für Kenner und Individualisten

1. **Antica Locanda Solferino**
Im Brera-Viertel versprüht ein gemütliches Haus den Charme des alten Mailand. Auch Models sind unter den Gästen (→ S. 17).

2. **Trattoria Il Salurnaio**
Hier treffen sich die Verkäuferin von Valentino, das Model aus dem Showroom von Krizia und die Industriellengattin (→ S. 19).

3. **Bottiglieria Da Pino**
Volkstümliches Gasthaus im Zentrum der City. Herzhafte, bodenständige Küche (→ S. 21).

4. **Schnäppchen-Adressen**
Einige Geschäfte kaufen Designermode der Vorsaison auf und bieten sie anschließend zum halben Preis an (→ S. 34).

5. **Kneipen-Restaurant Scimmie**
Halb Kneipe, halb Restaurant und ein beliebter Treff für den Abend. Jede Nacht treten erstklassige Bands und Künstler auf (→ S. 38).

6. **Sagra di San Cristoforo**
Mailand begeht den Tag des Schutzheiligen von Fahrzeugen vor der San-Cristoforo-Kirche mit einem Volksfest (→ S. 44).

7. **Giardini Pubblici**
Dieser Stadtpark im Stil eines englischen Gartens bietet viele Vergnügungsstätten und Spielbereiche für Kinder (→ S. 46).

8. **Minikreuzfahrt auf den Kanälen**
Die Navigli, Mailands von vielen In-Lokalen gesäumte Kanäle, erkundet man am besten mit dem Schiff der Linie 1 (→ S. 59).

9. **Museo Poldi-Pezzoli**
Das schmucke, originalgetreu restaurierte Museum zeigt Werke aus der Sammlung des Mäzens Poldi-Pezzoli (→ S. 68).

10. **Zu Fuß durch die Stadt**
... mit einem gut informierten einheimischen Guide an Ihrer Seite – vielleicht die beste Art, Mailand zu erkunden (→ S. 103).

⟵ MERIAN-TopTen finden Sie auf Seite 1